Zur Reform

der

Hypotheken- und Subhastations-Gesetzgebung.

Von

C. Wilmanns
Königlichem Stadtrichter.

Berlin.
Verlag von J. Guttentag.
1868.

Inhalt.

Vom Rechte, das mit uns geboren,
Von dem ist leider nie die Frage.
Göthe.

Das Preußische Immobiliar-Sachenrecht beruht auf einer Verschmelzung römisch- und deutschrechtlicher Grundsätze.

Nach Römischem Rechte wurde Eigenthum an Grundstücken ohne öffentlichen Act begründet und übertragen; die Hypothek war accessorium eines persönlichen Rechtes und entstand durch einfachen Vertrag. — Nach Deutschem Rechte dagegen konnte Eigenthum nur durch öffentlichen Act, nämlich durch Auflassung, an deren Stelle später die Eintragung in öffentliche Bücher trat, entstehen und übergehen. Dieselbe Form galt für die Begründung und Uebertragung der dinglichen Rechte, namentlich des Pfandrechtes, welches nicht accessorium eines Forderungsrechtes, sondern ein selbständiges dingliches Recht war.

Die Hypotheken-Ordnung von 1783 und das Allgemeine Landrecht haben die Lehre vom Eigenthumserwerbe ohne öffentlichen Act adoptirt, constituiren aber eine Zwangspflicht zur Eintragung in die öffentlichen Bücher. Das Hypothekenrecht ist accessorium der persönlichen Forderung, wird aber nicht, wie diese, durch Vertrag, sondern nur durch Eintragung begründet; sie ist ein publicirtes Recht, in ihrer Dauer und Wirkung aber von nicht kundgethanen Rechten abhängig.

Der Hauptfehler dieses Systems besteht in dem Mangel eines einheitlichen Grundprincipes: der eingetragene Nichteigenthümer wird als Eigenthümer fingirt, sofern es sich um die Constituirung dinglicher Rechte handelt, welche das Eigenthum beschränken; dagegen kann der dinglich berechtigte sich nicht an den eingetragenen Besitzer halten, weil dieser nicht Eigenthümer ist. Der nicht eingetragene „Eigenthümer" wiederum hat kein „volles" Eigenthum; denn sein ausschließliches, dingliches Recht braucht nicht von jedem Dritten, namentlich nicht von denjenigen anerkannt zu werden, welche Rechte von dem eingetragenen

Nichteigenthümer erworben haben. Ebenso wenig kann er unbeschränkt disponiren: er kann zwar Eigenthum übertragen, aber nicht Hypothek bestellen 2c.

Die spätere Gesetzgebung hat noch größere Verwickelungen herbeigeführt. Der §. 52 Anh. z. Allgem. Landr. und die Declar. v. 3. April 1824 sanctionirten die Hypothek des Eigenthümers — die Ursache unzähliger Controversen. Der §. 58 Anh. z. Allgem. Landr. ermöglichte die Constituirung der s. g. schleichenden Servituten mit dem Vorzugsrechte vor eingetragenen Rechten. Das Edict vom 9. October 1807 hob die Geschlossenheit der Güter auf; der Unterschied zwischen den Substanztheilen und den Pertinenzien eines Gutes ist deshalb nicht mehr erkennbar, dennoch aber für das Hypothekenrecht aufrecht erhalten. Die Kabinets-Ordre vom 31. October 1831 beschränkte die Verpflichtung der Grundbesitzer zur Besitztitel-Berichtigung auf Ausnahmefälle 2c.[1])

So hat die Vermischung der unvereinbaren Theorien des Römischen und des Deutschen Rechtes im Laufe der Zeit einen Zustand herbeigeführt, in welchem häufig der Eigenthümer nicht mehr weiß, wer sein Gläubiger, der Gläubiger nicht, wer sein Schuldner, und was ihm verpfändet ist. Die Hypotheken-Documente sind dem Laien unverständlich, und die Collisionen zwischen den verschiedenen Berechtigten oft selbst für den Juristen kaum zu lösen.

Deshalb ist man in dem Verlangen nach einer Reform einig.

Die zur Abhülfe gemachten Vorschläge gehen indeß weit aus einander. Der Hauptgrund der Verschiedenheiten scheint darin zu liegen, daß derjenige Grundsatz, welcher dem Gesetzgeber vor allem heilig sein muß, nicht hinreichend berücksichtigt wird, nämlich der Grundsatz:

„daß das Gesetz die Rechts-Ueberzeugung des Volkes zum Ausdruck bringen muß."

Das Volk ist der Schöpfer des Rechtes; der Gesetzgeber hat ihm nur die gestaltende Form zu geben. Sobald das Gesetz der Rechts-Ueberzeugung des Volkes nicht entspricht, wird es von ihm nicht verstanden und deshalb nicht befolgt. Rechts-Unsicherheit und Rechts-Verwirrung sind die nothwendigen Folgen.

Aus jenem Grundsatze ergeben sich zwei fernere wichtige Rücksichten für den Gesetzgeber:

I. Er muß einfache Principien in consequenter Weise durchführen und jede Abweichung von denselben vermeiden;

[1]) Eine eingehende Darstellung der Inconsequenzen und Mängel giebt der amtliche „Entwurf eines Gesetzes über das Hypothekenwesen und einer Hypotheken-Ordnung für Preußen" (Berlin 1864) S. 24 ff. 51 ff. 58 ff.

denn die Denkungsweise des Volkes ist einfach aber consequent. Namentlich sind die in der modernen Gesetzgebung so beliebten Fictionen gefährlich, da diese stets auf einem Widerspruche mit der Wirklichkeit beruhen (etwas in Wirklichkeit nicht vorhandenes wird als vorhanden angenommen). Für derartige Widersprüche aber ist der logische Rechts-Sinn des Volkes schwer zugänglich.

II. Die Rechts-Einigung darf nie Selbstzweck sein; insbesondere darf dem Volke das Opfer seiner Rechts-Ueberzeugung nur aus wichtigen Gründen und in schonendster Weise zugemuthet werden. Gerade hier macht der große Unterschied zwischen den Interessen des Handels und des Grundbesitzes sich vorzugsweise geltend:

Die Regeln des Verkehrs sind fast überall gleich. Locale Interessen haben untergeordnete Bedeutung. Jede Verschiedenheit der Rechte tritt dem Verkehre hindernd entgegen. Wie die Bewegung und die Ausgleichung der Bedürfnisse das Lebensprincip für den Handel, so ist die Ausgleichung der Rechts-Verschiedenheiten eine der wichtigsten Aufgaben für die auf den Handel bezügliche Gesetzgebung. — Der Grundbesitzer dagegen hält fest an dem Hergebrachten. Unbeweglich wie der Grund und Boden, so ist er verwachsen mit den Rechts-Ueberzeugungen seiner Gemeinde und seiner Provinz; er verlangt nicht nach einer Ausgleichung und ist ihr deshalb schwer zugänglich. Jede Reform und namentlich die Herstellung der Rechts-Einheit ist deshalb auf dem Gebiete des Immobiliar-Sachenrechtes weit schwieriger und mit weit größerer Vorsicht anzubahnen, als auf dem Gebiete des Handelsrechtes.

Die Erörterung der von diesen Gesichtspunkten für die Reform der Hypotheken- und Subhastations-Gesetzgebung sich ergebenden Principien ist der Zweck nachfolgender Darstellung.

I. Reform der Hypotheken-Gesetzgebung.

Die Hypotheken-Gesetzgebung hat eine doppelte Aufgabe:

A. Feststellung des Eigenthums an Immobilien (das Hypothekenbuch ist Grundbuch);

B. Feststellung des Credites der Grundbesitzer (das Hypothekenbuch ist Pfandbuch).

Gewöhnlich wird die zweite Aufgabe als die wichtigere hingestellt.[2]) Ob dies richtig, kann dahin gestellt bleiben. Jedenfalls ist sie von der

---

[2]) Zu vergl. Entw. eines Ges. über das Hypoth.-Wesen a. a. O. S. 20 ff., Lette: das landwirthsch. Credit- u. Hypoth.-Wesen (Berlin 1868) S. 39, dagegen Bekker: die Reform des Hypotheken-Wesens (Berlin 1867) S. 83.

ersten nicht zu trennen; denn die Sicherheit des Eigenthums ist Voraussetzung des Real-Credites und mithin Bedingung für dessen Feststellung.

Die Feststellung des Eigenthums durch das Hypothekenbuch wird, wie oben dargethan, nach dem in Preußen gegenwärtig geltenden Rechte nicht erreicht. Die Reform-Vorschläge gipfeln in zwei wesentlich verschiedenen Principien:

1. Der Eigenthümer, welcher die Eintragung seines Besitztitels unterlassen, so wie alle diejenigen, denen er Rechte constituirt hat, sollen nicht befugt sein, die Rechte Dritter anzufechten, welche zur Eintragung gelangt sind, obwohl sie jüngere, ihnen vom Eigenthümer gewährte Titel haben,

   Dritten gegenüber soll mithin der als Eigenthümer eingetragene stets als der wahre Eigenthümer gelten.[3])
2. Eigenthum wird nur durch Eintragung in das Hypothekenbuch erworben.[4])

Das ersterwähnte Princip verstößt gegen den Grundsatz, daß das Gesetz einfache Principien durchführen und alle Fictionen vermeiden muß. Das Eigenthum wird nicht festgestellt und nur zu Gunsten Dritter fingirt, daß der wirkliche Eigenthümer, welcher die Eintragung unterlassen hat, Nichteigenthümer sei, und daß dagegen der Nichteigenthümer, für den die Eintragung fortbesteht, noch Eigenthumsrechte habe. Diese Fiction ist ausgedehnter, als die des Allgemeinen Landrechts, nach welchem der nichteingetragene Eigenthümer nur Belastungen, nicht aber Eigenthums-Uebertragungen des titulirten Besitzers gegen sich gelten lassen muß, sie wird deshalb dem Volke nicht minder unverständlich und in ihren Wirkungen jedenfalls gefährlicher sein.

Bei dem zweiten Principe fällt dies Bedenken fort. Dasselbe verdient auch an sich den Vorzug: Das Wesen des Eigenthums und überhaupt der dinglichen Rechte besteht darin, daß sie gegen jeden Dritten

---

[3]) Bericht d. Commiss. d. hies. Jurist. Gesellschaft v. 3. März 1865 (Deutsche Gerichts-Zeitung Jahrgang VII. S. 49.) Lette a. a. O. S. 41., Hypoth.-Ordn. für Neuvorpommern v. 21. März 1868. §§. 18. 23.

[4]) Der Conrad'sche Entw. eines Hypoth.-Ges. §. 15. (eingebracht im Abgeordn.-Hause im Jahre 1860—61), der amtl. Entw. v. 1864. §. 1. (Beiden Entwürfen sind die von Meyer in seiner Schrift „die Preußische Hypotheken- und Subhastations-Gesetzgebung Berlin 1854" und auf dem Deutschen Juristentage v. 1861 vertheidigten Principien zu Grunde gelegt und stimmen daher in den Hauptpunkten überein.) Entw. d. Grundbuchordn. §§. 4. 5., Bornemann in d. Deutschen Gerichtszeitung v. 1861. S. 175. Mascher, das deutsche Grundbuch- u. Hypothekenwesen (Berlin 1869) S. 529. ff.

wirksam sind, also von jedem Dritten anerkannt werden müssen. Deshalb müssen sie aber auch jedem Dritten erkennbar sein. Durch Anlagen an dem Grundstücke kann das Eigenthum nicht erkennbar gemacht werden. Eben so wenig durch den Besitz, da dieser einen sehr verschiedenen Charakter (Eigenthums-, Usucapions-, Miethsbesitz ꝛc.) haben kann. Deshalb muß von jedem Grundstücke ein Bild geschaffen werden, welches jedem Dritten offen liegt; das Eigenthum wird durch Eintragung auf diesem Bilde für Alle erkennbar gemacht und erst vom Momente seiner Eintragung ab wirksam, d. h. Eigenthum an Grundstücken wird durch Eintragung in das Hypothekenbuch erworben.[5]) Diese Argumentation ist einfach und consequent; sie hat sich im Volke selbst gebildet und enthält das vor Einführung des Römischen Rechts allgemein geltend gewesene Recht. In vielen Gebieten, namentlich im Königreiche Sachsen, in den Sächsischen Fürstenthümern, in Nassau, in Mecklenburg, in Braunschweig, in Hamburg, Bremen ꝛc. hat sie bis auf den heutigen Tag gesetzliche Kraft behalten; ja, ihre Geltung geht weit über Deutschland hinaus: auch in Oesterreich, in den Niederlanden und (wenigstens bei den Grundbuchgütern — copyholds —) auch in England bildet sie die Grundlage des Immobiliar-Sachenrechts.

Dennoch ist das Gutachten der meisten Preußischen Gerichte gegen die „in dem amtlichen Entwurfe eines Gesetzes über das Hypotheken-Wesen vom Jahre 1864“ vorgeschlagene Wieder-Einführung dieses Principes ausgefallen.

Zunächst wird geltend gemacht, „daß die Harmonie des Rechts-Systems gestört werde, wenn man den Eigenthums-Erwerb von Immobilien nach anderen Grundsätzen regele, als für Mobilien.“ Dies ist jedoch nicht anzuerkennen: Wie die politische Verfassung für „Land“ und „Stadt“ nach verschiedenen Ordnungen geregelt wird, und wie im Wirthschaftsleben die gedeihliche Entwickelung des „unbeweglichen“ und des „beweglichen“ Vermögens auf verschiedenen Grundlagen beruht, so bedürfen „Grund und Boden“ und „fahrende Habe“ auch im Rechts-Systeme verschiedener Normen, und gerade darin, daß unter dem Einflusse römischrechtlicher Theorien diese dem Grundbesitze versagt worden sind, liegt eine wesentliche Störung der Harmonie unseres Rechts-Systemes. Denn nicht die Festsetzung gleicher Normen für verschiedene Rechts-Institute, sondern die Festsetzung der dem Wesen der einzelnen Institute entsprechenden Normen, also die gleiche Berück-

---

[5]) Zu vergl. Dr. André zur Gesetzgebung über das Hypothekenwesen. Osnabrück 1864.

sichtigung aller Interessen, d. h. die Gerechtigkeit der Gesetze begründet die wahre Harmonie des Rechts-Systemes. — Das Römische Recht ist seinem Wesen nach ein Stadtrecht: Durch die Concentration des Weltverkehrs auf die Stadt Rom hat sein Obligationen-System jene Einheit und Vollendung erlangt, durch welche es zur Grundlage für die Gesetzbücher aller Völker geworden ist. Dagegen haben die auf das unbewegliche Vermögen bezüglichen Rechts-Institute schon im Römischen Reiche zu dem Untergange der Grundbesitzer und zur vollständigen Vernichtung des Realcredits geführt. Es darf nur an die Colonenflucht in der Römischen Kaiserzeit und an den von Justinian in der Nov. 72. c. 6. den Vormündern ertheilten Rath „wegen der Gefahr des Verlustes kein Geld der Curanden auf Hypothek zu geben, sondern dasselbe zinslos im Kasten aufzubewahren" erinnert zu werden. Dieselbe Entwickelung hat bei uns begonnen und eilt ihrem Abschlusse entgegen. Deshalb ist es die unerläßliche Aufgabe der Gesetzgebung, den Grundbesitz von den schädlichen Einflüssen der römischrechtlichen Theorien zu befreien und ihm die gebührende selbständige Stellung auch im Rechts-Systeme wiederzugeben.[6])

Ebenso wenig erheblich erscheint das fernere Bedenken: „Künftig würden sich nur Prozeduren denken lassen, welche entweder den Käufer oder den Verkäufer gefährden. Zahle nämlich der Käufer die ganzen Kaufgelder beim Abschlusse des Vertrages, so setze er sich der Gefahr aus, daß der Verkäufer noch bis zur Stellung der Anträge bei der Hypothekenbehörde weitere Schulden eintragen lasse; beibe dagegen die Zahlung bis nach Berichtigung des Besitztitels ausgesetzt, so könne es dem Verkäufer begegnen, daß Käufer sofort Schulden eintragen lasse und die Kaufgelder nicht zahle."[7]) — Die ganze Prozedur wird sich im Gegentheil sehr einfach gestalten: Soll der gesetzlichen Regel gemäß die Zahlung der Kaufgelder Zug um Zug gegen Uebertragung der Sache geleistet werden, so erfolgt sie bei Stellung des Antrages auf Berichtigung des Besitztitels im Büreau der Hypothekenbehörde; sollen

[6]) Das so gern als der „Musterstaat" hingestellte England kann hier in Wirklichkeit als Muster dienen. Dort hat man dem Grundbesitze die seiner Natur entsprechenden Institutionen, seine eigenen Erwerbsarten, sein eigenes Erbrecht 2c. gelassen. Deshalb ist er dort nicht zur Waare geworden, welche, wie jede Kaufmanns-Waare zu Markte getragen und auf Speculation gekauft und verkauft wird; deshalb ist aber auch dort von wirthschaftlichen Verlegenheiten des Grundbesitzes mit keinem Worte die Rede.

[7]) Bericht d. Comm. d. Jurist. Ges. a. a. O. S. 52.

ausnahmsweise die Kaufgelder vor der Eigenthums-Uebertragung gezahlt werden, so ist der Käufer durch Eintragung einer Dispositionsbeschränkung des Besitzers sicher zu stellen.

Endlich gehen auch die Befürchtungen in Betreff des Umfanges der aus dem Principe erwachsenden Rechtsänderungen zu weit. „Keineswegs würden mit der Tradition auch der juristisch geschützte Besitz nebst den Instituten der Ersitzung und Klage-Verjährung zu streichen sein, ebenso wenig der Gegensatz zwischen bonae fidei und malae fidei possessio, zwischen rei vindicatio und actio Publiciana hinwegfallen."[8]) Titel und Uebergabe würden vielmehr das jus possidendi[9]), also vollen Rechtsschutz gegen jeden schlechter Berechtigten geben; dadurch bliebe der Unterschied zwischen der vindicatio und actio Publiciana erhalten. Die bonae fidei possessio wäre gegen jeden Dritten, nur nicht gegen den eingetragenen Eigenthümer und dessen Rechts-Nachfolger (denen gegenüber indeß wegen der Publicität des Hypothekenbuches bona fides überhaupt nicht möglich ist) zu schützen, und die Ersitzung zwar hinsichtlich des Eigenthums, nicht aber hinsichtlich der jura in re ausgeschlossen.[10]) [11]) Bei noch nicht regulirtem Hypothekenbuche würde der rechtmäßige und vollständige Besitz das Eigenthum ersetzen.

Dennoch steht der unbeschränkten Wieder-Einführung des Principes ein gewichtiges Bedenken entgegen:

In vielen und ausgedehnten Districten hat die römischrechtliche Theorie von dem Eigenthums-Erwerbe durch Titel und Uebergabe sich Bahn gebrochen. Den Grundbesitzern dieser Landestheile darf im Interesse der Rechtseinigung das Opfer ihrer Rechts-Ueberzeugung nur in der schonendsten Weise zugemuthet werden: Der Gesetzgeber muß gleichzeitig mit der Einführung des neues Principes die Rechts-Ueberzeugung für dasselbe gewinnen. Will er allgemein den Erwerb und Verlust des Eigenthums von der Eintragung in das Hypothekenbuch abhängig machen, so muß er die Gewißheit haben, daß die Grundbesitzer aller

---

[8]) Bekker, die Reform des Hypotheken-Wesens (Berlin 1867) S. 82.

[9]) Zu vergl. §§. 162. ff. 175. I. 7. A.-L.-R.

[10]) Letztere würden einzutragen sein, sobald die Ersitzung durch Anerkenntniß oder rechtskräftiges Urtel festgestellt ist.

[11]) Die Furcht vor den Consequenzen des neuen Principes macht sich auch in dem Entwurfe der Grundbuchordnung geltend. In den Vordersätzen der §§. 4. 5. wird das Princip anerkannt, in den Nachsätzen aber durch die Clausel „daß den Einführungsgesetzen die Bestimmung von Einreden, welche gegen das Bucheigenthum stattfinden, vorbehalten bleibe", wieder in Frage gestellt; denn wenn beispielsweise die exceptio rei venditae et traditae vorbehalten wird, so ist schließlich nicht die Eintragung, sondern die Uebergabe entscheidend.

Landestheile die Eintragung für nothwendig halten; sonst sind Rechts-Irrungen und Verluste wohlerworbener Rechte unvermeidlich. Eine in dieser Beziehung schützende Anordnung ist die Einführung der s. g. „Zwangs-Besitztitel-Berichtigung“: Die civilrechtlichen Folgen der unterlassenen Eintragung des Eigenthums-Erwerbes treten in der Regel nur bei unredlicher Handlungsweise des Mitcontrahenten, mithin verhältnißmäßig selten ein; deshalb wird die Ueberzeugung ihrer Nothwendigkeit nur sehr allmälig sich Bahn brechen. Dies ist um so gefährlicher, als jene Folgen, wenn sie einmal eintreten, von der größten Bedeutung sind, weil sie in dem vollständigen Verluste der wohlerworbenen Rechte bestehen. Wird hingegen die Eintragung gleichzeitig bei einer mäßigen Geldstrafe angeordnet, so tritt die an sich unbedeutende Folge der Unterlassung sicher ein; die Rechts-Ueberzeugung wird deshalb in kürzester Zeit allgemein und jene Gefahr gehoben.[12])

Gewöhnlich wird die Zwangs-Besitztitel-Berichtigung schon mit der Erwägung beseitigt: „Der Gesetzgeber, welcher Zwang anwendet, verurtheilt seine Gesetze im Grunde selbst, indem er voraussetzt, daß die Betroffenen von der Nothwendigkeit derselben für ihr Bestes nicht überzeugt sein werden.“ [13]) Hierbei übersieht man indeß, daß die ursprünglich im Volke vorhanden gewesene Ueberzeugung von der Nothwendigkeit der Auflassung (Eintragung) seit Einführung des Römischen Rechtes mit Gewalt unterdrückt worden ist, und daß unmöglich erwartet werden darf, jene Rechtsüberzeugung werde mit dem Wegfalle des seit Jahrhunderten ihr angethanen Zwanges sofort in voller Reinheit und Kraft sich allerorts wieder geltend machen.

Ferner perhorrescirt man den obrigkeitlichen Zwang zur Feststellung der Eigenthums-Verhältnisse als eine „Bevormundung, durch welche in die freie Verfügung über das Eigenthum und in die Bewegung des Güterverkehrs eingegriffen wird.“ [14]) Diese Ansicht beruht indeß auf der irrthümlichen Annahme, „daß die Einrichtung des Hypotheken-Wesens lediglich aus dem Gesichtspunkte des Privat-Interesses zu betrachten sei“ [15]):

---

[12]) Mit gesetzgeberischem Tacte haben auch die Redactoren des Allgem. Landrechts die Einführung ihrer complicirten Principien durch deren Verbindung mit der Zwangs-Besitztitel-Berichtigung vermittelt und erleichtert. Seit Aufhebung der letzteren hat die Ungewißheit in den Eigenthums-Verhältnissen steigend zugenommen.

[13]) Zu vergl. Dr. Lührsen: Gutachten über die Reform des Hypothekenwesens (Verhandl. des 3. Deutschen Juristentages Bd. I. S. 89).

[14]) Zu vergl. Lette a. a. O. S. 41.

[15]) Lette a. a. O. S. 39.

Die Erhaltung und Förderung des Credites für den Grundbesitz ist ein öffentliches Interesse. Jeder Credit aber ist bedingt durch die Feststellung des Individuums, auf dessen Leistungsfähigkeit er sich gründet. Deshalb ist diese Feststellung durch das öffentliche Interesse geboten.

Dem entsprechend hat man zum Schutze und zur Förderung des kaufmännischen Credites jenen „obrigkeitlichen Zwang" gesetzlich sanctionirt, indem das Handelsgesetzbuch die Eintragung der Firmen und ihrer Inhaber, sowie aller mit den letzteren vorgehenden Veränderungen bei Strafe vorschreibt. [16])

Dieselbe Bedeutung, welche die Firma für den kaufmännischen, hat das Grundstück für den Realcredit. Wenn ein bekannter Lehrer des Handelsrechtes [17]) über die Selbstständigkeit des Handelsvermögens sagt:

> „Der Kaufmann hat das Bestreben, das Handelsvermögen als etwas für sich Bestehendes anzusehen. Den Credit, welchen er einem Handlungshause gewährt, bemißt er im Wesentlichen nach dem Fonds, mit welchem dasselbe begründet worden, und nach dem Rufe, welchen das Haus in der kaufmännischen Welt genießt. Ob der Inhaber des letzteren noch erhebliche Privatcapitalien besitzt, ob derselbe in der Verwaltung dieser Capitalien pünktlich und ordentlich ist, das berührt den Kaufmann nur wenig. Für ihn ist fast nur maßgebend, ob das Geschäft des Hauses, mit dem er arbeitet, guten Fortgang hat und durch eine solide Leitung gewisse Garantieen bietet. Der kaufmännische Credit ist im Wesentlichen ein objectiver. Nicht der Person des Kaufmannes, sondern dem Geschäfte desselben wird der Credit gewährt,

so gilt dies in noch weit höherem Maße von dem Grundbesitzer und seinen Creditgebern. Derselbe Grund, aus welchem die Eintragung der Firma und ihrer Inhaber vorgeschrieben ist, läßt es — sofern nicht der Realcredit gegenüber dem kaufmännischen Credite benachtheiligt werden soll — geboten erscheinen, daß auch das Eigenthum an Grundstücken eingetragen wird. Der öffentliche Glaube (die Publicität) der Hypothekenbücher beruht auf der Garantie des Staates für die Richtigkeit der Eintragungen. Soll der Staat diese Garantie gewähren, so muß er auch die Vornahme der Handlungen, durch welche die Richtig-

[16]) Zu vergl. Art. 19. 21. 25. 26. des Handelsgesetzbuches und Art. 5—7 des Einführungsgesetzes vom 24. Juni 1861.

[17]) Lesse: Deutsche Gerichtszeitung Jahrgang V. S. 192.

keit der Bücher bedingt ist, gegen den Einzelnen erzwingen können; [18]) denn „so lange der Erwerber des Grundstückes nicht gezwungen ist, sein Recht eintragen zu lassen, kann das Princip der Publicität nie zur vollen Geltung gelangen." [19])

Ueberdies wird erst durch Einführung der Zwangs-Besitztitel-Berichtigung ein einheitliches Princip für die Führung der Bücher mit öffentlichem Glauben (der Handelsregister und Hypothekenbücher) gewonnen. Gerade die Förderung der Einheit in dem Rechte der einzelnen Länder ist aber weit wichtiger, als die Rechtseinigung verschiedener Länder, da sie das Verständniß des Rechtes erleichtert und die Recht schaffende Thätigkeit des Volkes anregt.

Die allgemein gerühmten Mecklenburger Hypotheken-Ordnungen enthalten dem Obigen entsprechende Vorschriften. Namentlich bestimmt die revidirte Stadtbuchordn. v. 21. December 1857:

§. 5. Das Eigenthum der Grundstücke kann nur durch die Eintragung des neuen Eigenthümers in die erste Rubrik übertragen und erworben werden.

§. 7. Der neue Erwerber eines Grundstückes, auch der Universal-Erbe ist verbunden, die Eintragung innerhalb eines Jahres nach dem Eintritte des Rechtsgrundes, durch welchen die Veränderung veranlaßt worden ist, nachzusuchen rc.

Aehnliche Bestimmungen haben das Königl. Sächsische Gesetz v. 6. Nov. 1843, die Hypothekengesetze der Sächsischen Fürstenthümer rc.

Auch der in der Enquête über das Hypothekenbankwesen vernommene Sachverständige für Altenburg, Finanzrath Hempel, empfiehlt ihre allgemeine Einführung; er sagt: „Wir haben in unseren Gesetzen eine Bestimmung, daß Verträge über Immobilien-Besitzungen binnen zwei Monaten bei der betreffenden Hypthekenbehörde zur Verlautbarung eingetragen werden müssen; andererseits haben Erben blos ein Jahr Zeit, die Eintragung zu unterlassen. Nach Ablauf dieses Jahres sind sie ebenfalls gebunden, den neuen Eigenthümer zu präsentiren, oder sich als Erben eintragen zu lassen. Diese Bestimmung halte ich für nicht einflußlos auf den Hypothekencredit und für eine wünschenswerthe." [20])

---

[18]) Die aus jener Garantie hergeleitete Haftungspflicht des Staates für die Versehen der Buchbeamten beruht auf einer Identificirung des Staates und des Fiscus; sie wäre nichts weiter als eine Versicherung der Real-Interessenten auf Kosten der übrigen Staatsangehörigen. Zu vergl. Amtl. Entw. von 1864 S. 50.

[19]) Zu vergl. Ber. d. Comm. d. Jur. Gesellsch. a. a. O. S. 50.

[20]) Stenogr. Berichte über die Verhandlungen des Ausschusses des Bundesrathes des Norddeutschen Bundes für Handel und Verkehr, betreffend die Enquête über das Hypotheken-Bankwesen (Berlin 1868 bei v. Decker) S. 117.

Das einzige sachliche Bedenken gegen die Zwangs-Besitztitel-Berichtigung, welches auch in der Kab.-Ordre v. 31. October 1831 als die alleinige Ursache für die einstweilige Aufhebung derselben angeführt ist, liegt in dem Kostenpunkte und in den Weitläufigkeiten bei kleinen Grundstücken, namentlich den s. g. Wandeläckern. Hier dürfte aber — abgesehen von der gebotenen Herabsetzung der auf dem Grundbesitze gegenwärtig in unverhältnißmäßiger Höhe lastenden Kosten und Stempel — eine ähnliche Befreiung statthaft sein, wie sie das Handelsgesetzbuch im Art. 10 den kleinen Kaufleuten gewährt, welche einen „kaufmännischen Credit" nicht genießen. Das öffentliche Interesse, welches die Zwangs-Besitztitel-Berichtigung rechtfertigt, fällt da fort, wo Realcredit nicht beansprucht wird. Es erscheint deshalb consequent, dieselbe nur bei denjenigen Grundstücken eintreten zu lassen, auf welchen Hypotheken entweder bereits eingetragen sind oder eingetragen werden sollen. Letzteres ist bei ganz kleinen Grundstücken in der Regel nicht der Fall; deshalb wird ihnen aus dem Principe eine Last nicht erwachsen. — Event. kann durch eine dem §. 7 Nr. 2 der Mecklenburger revid. Stadtbuchordnung analoge Bestimmung geholfen werden, nach welcher bei den, einen bestimmten Taxwerth (Grund- oder Gebäudesteuer-Satz) nicht erreichenden Grundstücken die Besitztitel-Berichtigung kostenfrei erfolgt. Alle Diejenigen, welche in dem staatlichen Schutze gegen Uebervortheilungen nicht eine Bevormundung, sondern eine billige Rücksichtnahme auf den minder gebildeten Theil der Bevölkerung finden, werden dieser letzteren Bestimmung sicher sogar den Vorzug geben.

Der Grundsatz, „daß Rechte, welche von jedem Dritten anerkannt werden sollen, allgemein erkennbar sein müssen", gilt nicht nur in Beziehung auf das Eigenthum, sondern hinsichtlich aller dinglichen Rechte. Man hat hieraus hergeleitet, daß der Erwerb und Verlust aller dinglichen Rechte von der Eintragung in das Hypothekenbuch abhängig zu machen sei[21]) — jedoch mit Unrecht:

Ein Theil der jura in re ist schon durch äußere Anlagen an der belasteten Sache, ein anderer Theil ist durch den Besitz des Berechtigten für jeden Dritten erkennbar. Nach Römischem Rechte allerdings war der Besitz kein sicheres Kriterium für das Vorhandensein einer directen Rechtsbeziehung zwischen dem Inhaber und der Sache, da namentlich

---

[21]) Amtl. Entw. eines Ges. über das Hypotheken-Wesen v. 1864, §. 1; Entw. einer Grundbuch-Ordnung §. 5.

die durch Contract constituirten beschränkten Nutzungsrechte (Pacht, Miethe, Commodat) auch bei hinzutretendem Besitze nicht den Character dinglicher Rechte hatten. Die meisten neueren Particulargesetze und namentlich das Allgem. Landrecht haben jedoch theils unter dem Einflusse der deutschrechtlichen Grundsätze von der Gewere, theils in Folge mißverstandener Lehren des Römischen Rechtes dem durch Vertrag eingeräumten Besitze des Pächters und Miethers, des Commodatars 2c. eine größere Bedeutung — nämlich die Wirkung beigelegt, daß das Recht *zur* Sache in ein Recht *an* der Sache, das persönliche in ein dingliches Recht verwandelt wird. Dem entsprechend läßt sich nach dem Preußischen und den meisten neueren Particular-Rechten der Satz hinstellen, daß der rechtmäßige Besitz — und für diesen streitet nach dem alten Satze „quisque praesumitur bonus" die Vermuthung — das Vorhandensein einer directen Rechtsbeziehung zwischen dem Inhaber und der Sache d. h. ein dingliches Recht erkennbar macht. Wenngleich er nun den *speciellen* Charakter des Rechtsverhältnisses (ob Eigenthum, ob Nießbrauch, ob Miethe 2c.) nicht zum Ausdrucke bringt, so kann und muß er doch als *sicheres* Kriterium wenigstens für das Vorhandensein der *beschränktesten* Rechte an einer Sache gelten. Die mit Besitz verbundenen Rechte an der Sache können nun zum Gegenstande haben:

a. die totale Unterwerfung der Sache (Eigenthum),
b. die partielle, aber ihrer Natur nach dauernde Unterwerfung (Erbpacht, Erbzins, Servituten, Reallasten),
c. die partielle und ihrer Natur nach nicht dauernde, also lösbare Unterwerfung (contractliche Nutzungsrechte, Retentionsrecht 2c.).

Die zu c. genannten Rechte sind die beschränktesten, werden mithin durch den Besitz hinreichend erkennbar gemacht und können deshalb ohne Eintragung in das Hypothekenbuch entstehen.

Consequenzen dieser Sätze sind:

1. Real-Servituten, welche durch äußere Anlagen an der belasteten Sache hervortreten, brauchen nicht eingetragen zu werden. — Dasselbe gilt von gemeinen Lasten und Abgaben (§. 48. I. Hypoth.-Ordn. v. 1783), da diese auf Staats- oder Orts-Verfassung beruhen, welche als allgemein bekannt gelten müssen.

2. Alle übrigen Real-Servituten, die Personal-Servituten und Reallasten, also namentlich Nießbrauchsrechte, Altentheile, Laudemien 2c., ebenso Eigenschaften der Grundstücke, durch welche die freie Disposition beschränkt wird, z. B. die Fideicommiß-Qualität bedürfen der Eintragung, da es an dem Grundstücke selbst nicht hervortritt, daß sie nach ihrer Natur „dauernde Belastungen" sind.

3. Dingliche Nutzungsrechte, welche nicht eine causa perpetua haben, deren Dauer vielmehr durch die Willkür der Constituenten bestimmt ist, namentlich Pacht- und Miethsrechte, werden durch die Gewahrsam des Berechtigten für Dritte erkennbar und bedürfen deshalb der Eintragung nicht.[22])

Die zweite Haupt-Aufgabe der Hypotheken-Gesetzgebung ist nach Obigem „die Feststellung des Real-Credites". Soll sie gelöst werden, so erscheint es vor allem wesentlich, daß dem Real-Credite die wirthschaftlich richtige d. h. die dem Interesse des Grundbesitzes entsprechende Form gegeben wird. Hier stehen nun zunächst zwei Theorien sich gegenüber.

Die geltenden Gesetzgebungen kennen nur die Verschuldung nach dem Kapitalwerthe. — Dagegen wird in einzelnen Reform-Vorschlägen die Einführung des Rentenprincipes statt des Kapitalprincipes gefordert; die Verschuldung nach Kapitalwerth soll verboten und positiv angeordnet werden, daß fortan nur unkündbare Renten eingetragen werden können. Der Haupt-Vertreter dieser Richtung ist Rodbertus-Jagetzow.[23]) Er argumentirt:

> „Der Grundbesitz hat nur Ertrags- aber keinen Kapitalwerth. Der Ertragswerth wird durch den Reinertrag bestimmt. Sachgemäß geben daher Reinertrag und Ertragswerth das einzige Maß des Werthes von landwirthschaftlichen Grundstücken. Deshalb sollten auch alle den Grundbesitz betreffenden Rechtsgeschäfte nach dem Ertragswerthe geordnet, und nur die ewige Rente verkauft, getheilt und belastet werden."

Seine Lehre hat namentlich unter den Grundbesitzern viele Anhänger gefunden; sie beruht indeß auf unrichtigen Voraussetzungen:

Der Grund und Boden hat eine productive Kraft, welche durch Verbindung mit Arbeit Ertrag gewährt. Der Ertrag wird um so höher, je dauernder und zweckentsprechender die dem Boden gewidmete

---

[22]) Die §§. 11. 72. der Hypoth.-Ordn. f. Neu-Vorpommern, nach welcher Real-Servituten nicht eingetragen zu werden brauchen, verletzen das Publicitäts-Princip. Dagegen ist die Bestimmung im §. 11 a. a. O., daß Pacht- und Miethscontracte nur im Falle der Eintragung den neuen Erwerber binden, völlig consequent, weil nach dem in Neu-Vorpommern geltenden gemeinen Rechte der Pacht- und Miethsbesitz ein dingliches Recht nicht begründet.

[23]) Rodbertus-Jagetzow, zur Erklärung und Abhülfe der heutigen Creditnoth des Grundbesitzes (Berlin 1868) und Verhandlungen der Enquête über das Hypotheken-Bankwesen S. 238 ff.

Arbeit ist. Der Grundbesitzer erhält also in dem Jahres-Ertrage nicht den vollen Lohn der Jahresarbeit. Ein Theil desselben wird vielmehr in Form einer Erhöhung der Ertragsfähigkeit in dem Grundstücke angesammelt.[24]) Der cultivirte Grund und Boden repräsentirt mithin „angesammelten Arbeitslohn" d. h. ein Kapital. In dem erhöhten Ertrage sodann erhält der Grundbesitzer das Aequivalent für das zu einer Eigenschaft des Grundstückes (höhere Ertragsfähigkeit) gewordene Kapital. Daraus folgt, daß der erhöhte Ertrag nicht nur als Zins für das in dem Grund und Boden fixirte Kapital d. h. als Entschädigung für die entzogene Nutzung desselben, sondern zugleich als „Rückzahlung auf das angesammelte Kapital" betrachtet werden muß. Sonst würde der Grundbesitzer dasselbe niemals zurückerhalten d. h. niemals den vollen Lohn seiner Arbeit empfangen. Die Rente eines cultivirten Grundstückes besteht dem entsprechend aus folgenden Bestandtheilen:

a. dem Producte der Urkraft des Grundbesitzes,
b. einem Lohne für die Jahresarbeit,
c. einem Zins für das in dem Boden fixirte Kapital,
d. einer Rückzahlung auf dies Kapital.

Hiernach ist der Gegensatz zwischen Kapital und Grundrente, von welchem Rodbertus ausgeht, nicht vorhanden, vielmehr in dem Ertrage „abgelöstes Kapital" enthalten. Mit dem Vordersatze fällt auch die Consequenz: Da das in dem Grund und Boden fixirte Kapital in Quantitäten zurückerstattet wird, so ist nicht überhaupt die Belastung mit Kapital, sondern nur die Belastung mit einem nach kurzer Zeit rückzahlbaren Kapital dem Wesen des Grundbesitzes widersprechend.

Ist hiernach an der Verschuldung des Grundbesitzes nach dem Kapitalwerthe festzuhalten, so erscheint es ferner von Wichtigkeit, die Theorie von der Hypothek mit der Rechts-Ueberzeugung des Volkes in Einklang zu bringen:

Während nach dem Allgem. Landrechte die Hypothek nur accessorium eines persönlichen Forderungsrechtes ist, wird sie im Verkehre als das Hauptrecht betrachtet, „mit welchem ein Forderungsrecht accessorisch verbunden ist. Der Constituent der Hypothek haftet persönlich; bei Veräußerungen wird auch der Erwerber persönlich verpflichtet, doch wird der Veräußerer frei, sobald der Gläubiger den Erwerber ausdrücklich oder durch concludente Handlungen z. B. durch Ausstellung von Zinsquittungen auf seinen Namen, durch Kündigung ꝛc. als seinen Schuldner anerkennt."

[24]) Diese Kapital-Ansammlung läßt Rodbertus außer Betracht, indem er a. a. O. S. 7 sagt: „Landwirthschaftlicher Grundbesitz ist selbst noch kein Product."

In dieser von dem geltenden Rechte völlig abweichenden Anschauung, welche unbestreitbar im Volke vorwiegend herrscht, finden die zahlreichen Processe aus versäumten Exnexuationen bei Verkäufen und die vielfachen Controversen aus der Theorie von der Hypothek des Eigenthümers ihre Erklärung. — Die Gesetzgebung kann auch hier die herrschende Rechts-Ueberzeugung um so unbedenklicher zum Ausdrucke bringen, als in derselben die logische Denkungsweise des Volkes sich wieder bewährt: Der Realcredit beruht auf dem Vertrauen in die Leistungsfähigkeit des Grund und Bodens, der Creditgeber legt also auf die durch das Pfandobject gewährte Sicherheit das Hauptgewicht und dem entsprechend erachtet er das Pfandrecht für das Hauptrecht. In zweiter Linie wird aber namentlich bei zweiten und dritten Hypotheken die Creditwürdigkeit des Besitzers, dessen Wirthschaftlichkeit für den Ertrag des Grundstückes mitbestimmend ist, berücksichtigt. Deshalb muß dem Pfandrechte eine persönliche Verbindlichkeit accessorisch hinzutreten.[25]) — Auch juristisch erscheint die Auffassung durchaus nicht so inconsequent, wie vielfach behauptet wird. Nur darf man das hypothekarische Recht nicht einfach als ein „dingliches" Recht auf „Gewährung bestimmter Leistungen aus dem Werthe eines Grundstückes" auffassen; denn dingliche Rechte können ihrer Natur nach allerdings nur auf ein Dulden oder Nichtthun gerichtet sein. Die Hypothek-Bestellung enthält vielmehr eine partielle Veräußerung. Der Grundbesitzer räumt dem Hypothekarius das dingliche Recht ein, „gewisse Leistungen zu bestimmten Zeiten aus dem Werthe eines Grundstückes zu entnehmen". Dem Gläubiger wird aber zu diesem Zwecke nicht — wie etwa bei der Antichrese — der Besitz übertragen. Dem Grundbesitzer verbleibt vielmehr trotz jenes Rechtes die freie Disposition über die belastete Sache. Als Gegenleistung für dieses ihm verbleibende Verfügungsrecht legt das Gesetz ihm die Verpflichtung auf, dafür aufzukommen, daß jene Leistungen am Verfalltage aus dem Grundstücke entnommen werden können.[26])

Die Mehrzahl der neueren Gesetzes-Vorschläge verlangen nach dem Vorbilde der Mecklenburger Hypotheken-Ordnungen eine noch weitergehende Reform. „Die Hypotheken sollen von der persönlichen Ver-

---

[25]) Zu vergl. die vorzüglichen Darlegungen von Bornemann in der Deutschen Gerichtszeitung von 1861 S. 175 ff. 182, und von Bekker: Reform des Hypotheken-Wesens (Berlin 1867) S. 72 ff.

[26]) Aehnliche obligatorische Verhältnisse, in Verknüpfung mit Eigenthum auf der einen Seite und jus in re auf der andern kommen sowohl im Römischen als im Deutschen Rechts-Systeme mehrfach vor. Zu vergl. v. Savigny: Obligations-Recht Bd. I. S. 132 ff.

bindlichkeit ganz losgelöst werden." Eine Rechtsänderung in dieser Ausdehnung dürfte sich indeß nicht empfehlen. Zwar macht dieselbe die wenigstens bei unzweifelhaft sicheren Hypotheken so sehr wünschenswerthe vollständige Trennung des Realcredites von dem Personalcredite principiell möglich[27]; allein in Wirklichkeit wird diese doch nicht erreicht werden. Die übereinstimmend statutarische Bestimmung unserer auf Gegenseitigkeit gegründeten Creditverbände, „daß jeder neue Erwerber des Grundstückes bei Vermeidung der Kündigung des Pfandbrief-Darlehns die persönliche Verbindlichkeit binnen 4 Wochen in notarieller Form übernehmen muß," beweist, wie großen Werth man auch bei Hypotheken von vorzüglichster Sicherheit auf die persönliche Verbindlichkeit legt, und in der That hat dieselbe in so fern eine nicht zu unterschätzende Bedeutung, als nur dann, wenn mit der dinglichen die persönliche Haftung verbunden ist, neben der Immobiliar-, die Mobiliar-Exekution stattfindet, welche bei kleineren Rückständen (also namentlich bei Zinsforderungen) mit weit weniger Kosten und Weitläufigkeiten durchführbar ist.[28] Noch mehr als die Credit-Verbände werden Privatleute auf derartige Separat-Erklärungen halten, da für sie die schnelle Realisirung der Zinsen, welche ihnen zur Alimentation dienen, in der Regel noch wichtiger ist, als für jene, durch bedeutende Reservefonds geschützten Institute. Die bei Ihnen beliebte Form wird aber nicht die notarielle Erklärung, sondern wegen der geringeren Kosten und schleunigeren Rechtshülfe der Wechsel werden, welcher sogar schon jetzt mitunter zu größerer Sicherheit neben den Hypotheken gefordert wird. Daraus erwächst aber für die Grundbesitzer die dringende Gefahr, daß untreue Gläubiger Hypothek und Wechsel an verschiedene Personen weiter begeben und so die Nothwendigkeit doppelter Zahlung entsteht. — Dasselbe Princip, welches bei den einfachen Verhältnissen Mecklenburgs durchaus zweckmäßig sein mag, könnte bei unseren verwickelteren Verhältnissen leicht die Ursache größten Unheils werden! Es kommt hinzu, daß dasselbe mit der allgemeinen Rechts-Ueberzeugung nicht in Einklang steht und eine dem Volke unverständliche Fiction nöthig macht, da das Grundstück als verpflichtetes Subject und mithin gewissermaßen als juristische Person gedacht werden muß.

---

[27]) Zu vergl. Lasker in den Verhandlungen der Enquête über das Hypotheken-Bankwesen S. 15 ff., und meine Schrift: die Creditnoth der Grundbesitzer rc. (Berlin 1868) S. 32. Die dort ausgesprochene Ansicht wird aus den im Texte angeführten Gründen bezüglich der Individual-Hypothek hierdurch modificirt, bezüglich des bankmäßigen Credites jedoch mit der schon damals S. 52 gemachten Beschränkung aufrecht erhalten.

[28]) Zu vergl. Verhandlungen der Enquête a. a. O. S. 201. 222.

Die Consequenzen beider Principien, so weit sie das hier allein in Betracht kommende dingliche Recht betreffen, stimmen im Wesentlichen überein:

1. Die Rechtsbeständigkeit der Hypothek ist von der Rechtsgültigkeit des Schuldtitels unabhängig, der Hypotheken-Gläubiger daher (abgesehen von dem Falle des dolus) gegen jede aus dem Titel hergeleitete Anfechtung gesichert.

2. Der Anfall des Gläubigerrechtes an den Eigenthümer des belasteten Grundstückes ist auf den Fortbestand des Rechtes ohne jeden Einfluß. Während der Dauer der Vereinigung ruht nur die Ausübung des Rechtes.

3. Der Eigenthümer kann, — was namentlich bei Ausführung von Neubauten wichtig ist —, auf eigenen Namen Hypotheken eintragen lassen oder für spätere Dispositionen sich Stellen offen halten, also insbesondere die letzten Stellen zuerst aufnehmen und die ersten für Nothfälle sich reserviren. Die Simulationen durch Vorschiebung dritter Personen werden verhütet, die Fiction des §. 52 Anh. z. Allg. Landr.[29]) und die gefährliche Bestimmung des §. 738 I. 11 Allg. Landr. werden überflüssig.

4. Das gegenwärtig zu so zahllosen Collisionen führende Nachrücken der Hypotheken in der Priorität fällt weg. Die postintabulirten Gläubiger rücken in den durch Löschung frei gewordenen locus nur durch ausdrückliche Erklärung des Eigenthümers ein. So lange letzterer eine derartige Erklärung nicht abgegeben hat, kann er an Stelle des gelöschten Postens eine gleiche Summe ungetheilt oder in mehreren Raten eintragen lassen. Contractliche Rechte postintabulirter Gläubiger auf Abgabe jener Erklärung können durch Eintragung von Inhibitorien festgestellt werden.

5. Die Eintragung von Hypotheken, welche nicht auf bestimmte Summen fixirt sind, ist unzulässig; jedenfalls dürfen event. hinter derartigen Hypotheken neue Eintragungen nicht erfolgen. Zur Ausdehnung dieses Satzes auf Reallasten[30]) liegt kein Grund vor, da hier der Grundbesitzer nicht die Disposition über den frei werdenden locus erhält.

6. Die Haftung der Hypothek für die Zinsen und Kosten ist auf einen bestimmten Procentsatz (10 oder 12 pC.) des Kapitals zu beschränken.[31])

---

[29]) Zu vergl. Amtl. Entw. von 1864 S. 53.

[30]) Zu vergl. d. Conrad'sche Entw. §. 25.

[31]) Zu vergl. Entw. d. Grundbuch-Ordn. §§. 90. 93. Daß hier die Haftung nur hinsichtlich der Zinsen, nicht auch hinsichtlich der Kosten auf einen bestimmten Procentsatz fixirt ist, erscheint nicht consequent.

7. Die in der Praxis oft zu Verwickelungen führenden Prioritäts-Einräumungen werden durch wechselseitige Cessionen ersetzt und sind daher auszuschließen.[32])

Für den Erwerb, die Uebertragung und das Erlöschen der Hypotheken gilt wieder das Princip, daß jedes dingliche Recht allen Dritten erkennbar sein muß:

1. Hypothekenrechte entstehen nur durch Eintragung. Deshalb sind alle Legal- und General-Hypotheken ausgeschlossen (Specialitäts-Princip). Die Eintragung einer und derselben Hypothek auf mehrere Grundstücke — Correal-Hypothek — dagegen erscheint zulässig. Ihre von vielen Seiten angestrebte Ausschließung würde den Credit schädigen: Einerseits ist die Correal-Hypothek für den Realcredit von derselben Bedeutung, wie die Correal-Obligation für den Personal-Credit;[33]) denn ein Complex von Gütern gewährt häufig größere Sicherheit für einen Anspruch, als eine Anzahl einzelner Güter für entsprechende Theile des Anspruches. Andererseits entspricht das gegenwärtige Princip unserer Gesetzgebung, „daß Correal-Hypotheken zwar mit Zustimmung, nicht aber ohne Zustimmung des Grundbesitzers zulässig sind", allein der im Volke lebenden Rechts-Ueberzeugung. Die Ausschließung aller Correal-Hypotheken würde eine gesetzliche Beschränkung des Grundbesitzers in der freien Disposition über sein Eigenthum involviren, welche ohne dringende Noth nicht gerechtfertigt erscheint. Eine derartige Noth ist aber nicht vorhanden. Die Bedenken gegen die Correal-Hypotheken haben ihren Grund in dem Uebelstande, „daß weder die postintabulirten Gläubiger noch der Erwerber des Grundstückes wissen, wie weit die Correal-Hypothek ihnen zum Nachtheil gereicht." [34])

Dieser nach der gegenwärtigen Gesetzgebung allerdings vorhandene und schwer empfundene Uebelstand hat aber nicht in der Correalität, sondern in der Abweichung von dem reinen Principe der Correalität seinen Grund. Der Gläubiger hat das jus eligendi; macht er von diesem Gebrauch und wird er demnächst aus Einem Grundstücke befriedigt, so werden die übrigen Grundstücke frei. Ein Rückgriffsrecht gegen die letzteren auf antheilige Erstattung des Geleisteten kann seiner Natur nach nur dem *debitor* correus, also dem Besitzer des in An-

[32]) Nach jetziger Gesetzgebung ist dies wegen Verschiedenheit der Schuldtitel nicht möglich.

[33]) Zu vergl. v. Savigny Oblig.-Recht §. 22.

[34]) Amtl. Entw. von 1864 S. 64. 66.

spruch genommenen Grundstückes, nicht aber den auf dem letzteren eingetragenen Gläubigern zustehen, da diese niemals als die Schuldner aufgefaßt werden können. Nur das Eintrittsrecht der postintabulirten Gläubiger in die Stelle der getilgten voreingetragenen Hypotheken (das sog. Nachrücken in der Priorität) konnte nach dem bisherigen Rechte die Subingrossation der auf dem in Anspruch genommenen Grundstücke ausgefallenen postintabulirten Gläubiger auf den mitverpfändeten Grundstücken billig erscheinen lassen. Mit der veränderten Natur der Hypotheken fällt aber auch dieser Billigkeitsgrund weg. Die postintabulirten Gläubiger rücken in die frei gewordenen Stellen nicht mehr ein; ihnen geht deshalb die Correal-Hypothek bei jedem mithaftenden Grundstücke in voller Höhe, und ohne daß event. eine Subingrossation stattfindet, vor. Das Beitrags-Verhältniß der correaliter haftenden Grundstücke unter einander aber muß bei Eintragung der Correal-Hypothek auf bestimmte Summen festgestellt werden; spätere Werths-Veränderungen des einen oder des anderen Grundstückes sind einflußlos. Dem eingetragenen Gläubiger haften die Grundstücke solidarisch; unter sich haften sie nach dem bei Entstehung der Correal-Obligation festgestellten Verhältnisse. Wenn einer der Grundbesitzer die ganze Hypothek tilgt, so kann er fordern, daß dieselbe bei dem mithaftenden Grundstücke in Höhe der festgestellten Beitragsverpflichtung auf seinen Namen umgeschrieben wird.

Gewöhnlich erklärt man die Correal-Hypothek schon deshalb für unzulässig, weil sie mit dem für die Hypotheken-Gesetzgebung unentbehrlichen Specialitäts-Principe in Widerspruch stehe.[35]) Allein einerseits ist dies bei Annahme obiger Grundsätze nicht der Fall; andererseits ist jene Unentbehrlichkeit nicht anzuerkennen. Das einzige unentbehrliche Princip ist das der Publicität, und die Specialität nur in so weit erforderlich, als sie Consequenz des Publicitätsprincipes ist.[36])

---

35) Zu vergl. Lette a. a. O. S. 50. Von diesem Standpunkte müßte consequent auch die Verpfändung ideeller Miteigenthums-Antheile für unzulässig erklärt werden, was man indeß nicht für nöthig erachtet hat. Entw. d. Grundb.-Ordn. §. 58.

36) Bemerkenswerth ist die Mecklenburgische Gesetzgebung über Correal-Hypotheken. Die revid. Hyp.-Ordn. f. Landg. schließt dieselben aus (§. 11, 5), die revid. Stadtbuch-Ordn. läßt sie zu (§. 14) — offenbar im Hinblicke darauf, daß die Unzulässigkeit der Correal-Obligation die Zersplitterung des Grundbesitzes erschwert. Dieser Gesichtspunkt darf indeß füglich nicht dahin führen, dem ländlichen Grundbesitze eine ergiebige Quelle des Realcredites zu verstopfen; ihm kann in anderer Weise ebenso wirksam Rechnung getragen werden. Zu vergl. S. 33 lit. g.

2. Für die Uebertragung der Hypothekenrechte ergiebt sich bei consequenter Durchführung des Publicitäts-Principes eine doppelte Form, je nachdem vorwiegend ihr Charakter als „dingliches Recht an einem Grundstücke" oder als „selbständiges Object des Verkehrs" in Betracht gezogen wird:

a. Jedes Hypothekenrecht muß durch Eintragung erkennbar gemacht werden. Zu dem Rechte gehört wesentlich ein berechtigtes Subject. Deshalb ist jeder Wechsel des berechtigten Subjectes einzutragen; mit anderen Worten: keinerlei Disposition über die Post ist ohne Eintragung in das Hypothekenbuch wirksam, das Hypotheken-Document also nur Beweismittel. — Dies ist das im Königreiche Sachsen, in Hamburg ꝛc. geltende Recht.

b. Die Hypothek wird durch Bildung eines Documentes, welches das Recht und den Berechtigten nachweist, zu einem selbständigen, von dem Grundstücke abgelösten Vermögenswerthe. Deshalb muß die Ablösung, nicht aber jede einzelne, mit dem abgelösten Objecte vorgehende Rechtsveränderung in dem Hypothekenbuche ersichtlich gemacht werden, d. h. die Summe der Hypothek, nicht aber der Namen des Berechtigten wird in das Hypothekenbuch eingetragen; der Wechsel in der Person des Berechtigten wird durch Vermerke auf dem Documente oder gar durch bloße Uebertragung des Besitzes erkennbar gemacht.

Nur durch Einführung beider Formen (zu a und b) wird dem Bedürfnisse des Grundbesitzes Rechnung getragen. Die Hypotheken zerfallen nämlich in zwei, von einander völlig verschiedene Kategorien:

α. Ihrer Natur gemäß sind sie Creditbewilligungen auf lange Zeit; diesen Charakter haben in der Regel die von Stiftungen, aus Sparkassen, aus General-Depositorien, aus den Reservefonds der Versicherungs-Gesellschaften ꝛc. gewährten Credite.

β. Sehr häufig werden Hypotheken aber auch an Zahlungsstatt gegeben; dahin gehören die hypothekarisch sichergestellten Erbgelder, Kaufgelder-Rückstände, Baugelder ꝛc.

Bei Hypotheken der ersten Art liegt dem Gläubiger nicht viel an der leichten Uebertragbarkeit, da er das Recht erwirbt, um es zu behalten. Dagegen legt er großes Gewicht auf vollständige Rechtssicherheit der Kapitalsanlage und leichte Einziehbarkeit der Zinsen. Für ihn ist die erste Form hauptsächlich geeignet. Die Nothwendigkeit der Eintragung in das Hypothekenbuch macht zwar die Cession umständlich; andererseits ist aber der Anspruch durch das Hypothekenbuch rechtlich sichergestellt; der Gläubiger hat die Gewißheit, von allen ihn interessirenden Veränderungen in der Rechtslage des Grundstückes durch den

Hypothekenrichter Kenntniß zu erhalten und kann die Zinsen ohne specielle Legitimationsführung erheben.

Die Hypotheken der zweiten Art dagegen dienen als Umsatzmittel. Sie werden anstatt baaren Geldes gewährt und in Zahlung genommen. Der Empfänger wünscht aber baares Geld; er giebt sie wieder an Zahlungsstatt u. s. w. Für sie ist deshalb eine möglichst leichte Uebertragungsform wünschenswerth. Im umfassendsten Maße wird dieselbe gewährt, wenn die Ausstellung auf den Inhaber oder das Blanco-Giro zugelassen wird. Beide Formen beeinträchtigen aber die Einziehbarkeit und die Sicherheit:

Entweder muß bei Einforderung der Zinsen das Document präsentirt, oder es müssen besondere Documente über die einzelnen Zinsraten ausgefertigt werden. Die Nothwendigkeit, das Document jedesmal zu präsentiren, ist eine Unbequemlichkeit, welcher namentlich entfernt wohnende Gläubiger sich kaum jemals unterwerfen werden. Bei Ausfertigung besonderer Zins-Documente aber kommt in Betracht, daß dieselben das verpfändete Grundstück, den Besitzer, die Hauptforderung, den Fälligkeitstermin speciell nachweisen, also fast denselben Inhalt haben müssen, als das Haupt-Document. Eine wirkliche Vereinfachung der Form und eine Ersparung von Kosten wird daher nicht erreicht; dagegen haben sowohl der Gläubiger bei dem Erwerbe der Forderung, als auch der Grundbesitzer bei der Zahlung des Kapitals anstatt eines Documentes eine ganze Anzahl von Documenten zu prüfen.

Hypotheken sind ferner in der Regel nach Kündigung rückzahlbar. Wie soll bei Hypotheken auf den Inhaber die Kündigung bewirkt werden? In vielen Fällen wird der einzige Weg die öffentliche Bekanntmachung sein.

Von der eintretenden Subhastation muß der Gläubiger wegen der ihm drohenden Gefahr des Ausfalles Kenntniß erhalten. Bei Hypotheken auf den Inhaber kann auch dies nur durch öffentliche Bekanntmachung geschehen. Anscheinend ist die hieraus erwachsende Gefahr gering, weil in der Regel ein oder zwei Zinstermine in die Zeit des Subhastations-Verfahrens fallen werden. Allein in Wirklichkeit wird dadurch der Gläubiger wenigstens dann nicht geschützt, wenn man besondere Zins-Documente ausfertigt; letztere werden sehr häufig schon vor dem Verfalltage weiterbegeben, also nicht mehr in der Hand des Kapitalgläubigers sein.

Durch den Ausfall in der Subhastation verliert die Hypothek ihre Gültigkeit; das auf den Inhaber lautende Document kann aber nicht behufs Kassation herbeigeschafft werden. Das einzige Mittel, um die

Ungültigkeit erkennbar zu machen, ist wiederum die öffentliche Bekanntmachung.

Dieselbe Form ist die einzige Aushilfe für die Benachrichtigung der Interessenten bei Expropriationen, Parcellirungen, Ablösungen 2c. — Es erhellt, daß öffentliche Benachrichtigungen und im Anschlusse daran Präclusionen auf Grund fingirter Kenntniß, welche gegenwärtig die Ausnahme bilden, zur Regel werden müssen. Die nothwendige Folge davon sind — abgesehen von den erheblichen Kosten — häufige Verluste und die Rückwirkung „Schwächung des Realcredites." Leichte Formen haben hohen Werth, wenn ihnen die Sicherheit des Rechtsverkehrs als Unterlage dient; sie sind werthlos, wenn diese Sicherheit fehlt, und wirken schädlich, wenn sie auf Kosten der Sicherheit gewährt werden.

Wohl hat man auf andere Länder hingewiesen, in denen das Blanco-Giro und die Ausstellung auf den Inhaber die gefürchteten Nachtheile nicht nach sich gezogen hat, namentlich auf Mecklenburg und einzelne Kantone der Schweiz. Hier gilt indeß zunächst wieder, daß dieselbe Einrichtung, welche bei einfachen Verhältnissen sich empfiehlt, bei verwickelteren zum größten Unheil führen kann. So erscheint es beispielsweise keinen Augenblick zweifelhaft, daß, sobald die Ausstellung von Hypotheken ohne Nennung des Gläubigers zugelassen wird, in unseren großen Städten sich förmliche Gauner-Gesellschaften bilden werden, deren Gewerbe einerseits in dem Ankaufe von Hypotheken mit Wechseln über die persönliche Verbindlichkeit und deren Veräußerung an verschiedene Personen (zu vergl. S. 16), andererseits in dem Vertriebe der ausgefallenen, jedoch nicht kassirten Hypotheken besteht.[37]) Das Resultat hiervon kann aber nur das sein, daß in den seltensten Fällen Jemand „ohne Verkaufscheine" Hypotheken auf den Inhaber erwerben wird. Derartige Verkaufscheine sind aber nichts Anderes, als Cessions-Urkunden. — Ferner wird bei Heranziehung der Schweizer Kantone übersehen, daß die dort gebräuchlichen Realcredit-Papiere einen ganz anderen Charakter haben, als unsere Hypotheken: Jedes zu verpfändende Grundstück wird von dem Gemeinderathe taxirt, und von dem letzteren die Richtigkeit der Taxe vertreten. Die Hypotheken sind also durch eine Garantie sichergestellt, über welche ein bestimmtes und allgemeines Urtheil besteht; sie haben in Folge derselben alle einen glei-

[37]) Die Haftung für die Verität der Forderung wird illusorisch, da nur in den seltensten Fällen der Veräußerer nachweisbar sein wird.

chen Werth und werden so zu Cours habenden Papieren. Unseren Individual-Hypotheken aber fehlt jene Garantie; sie haben einen ganz verschiedenen Werth und können deshalb nie einen bestimmten Cours erhalten.

Die Ausstellung auf den Inhaber steht überhaupt in unlösbarem Widerspruch mit dem Wesen des Individual-Credites. Derselbe soll zum Unterschiede von dem Bank-Credite die directe Beziehung zwischen dem Gläubiger und Schuldner erhalten; er muß deshalb in Formen gekleidet werden, welche jenen individuellen Beziehungen entsprechen. Dies ist aber bei der Ausstellung auf den Inhaber nicht der Fall, da der Schuldner sich verpflichtet, an eine „unbestimmte" Person zu zahlen.

Dem immer mehr an Ausdehnung gewinnenden Verlangen nach Beseitigung aller solennen Formen liegt offenbar eine Vergleichung des wohlthätigen Einflusses zum Grunde, welchen die bequemen Uebertragungsformen der Handels-Papiere auf den kaufmännischen Credit haben. Bei dieser Vergleichung berücksichtigt man indeß nicht ausreichend die völlig verschiedene Natur des kaufmännischen und des Hypothekar-Credites. Der kaufmännische Credit ist seiner Natur nach kurz, der Real-Credit lang; der Handel braucht umlaufendes, der Grundbesitz stehendes Kapital. Die Handelspapiere sind hiernach vorzugsweise Umlaufsmittel und bedürfen deshalb vor Allem einer leichten Circulationsform; sie können dieselbe unbeschadet der Sicherheit gewähren, da sie unkündbar und unverzinslich mit kurzen Fälligkeitsterminen ausgestellt werden. Die Hypotheken dagegen sollen einen dauernden Credit begründen, mithin als Mittel zur Werths-Aufbewahrung dienen; deshalb muß bei ihnen namentlich die vollste Rechtsgewißheit gewährt werden, welche bei der durch den Mangel eines kurzen Fälligkeitstermines bedingten Kündbarkeit und Verzinslichkeit nur dann gewährt werden kann, wenn der Gläubiger feststeht. — Vor Allem aber wird der kaufmännische Credit durch den Handelsverkehr gefördert. Die wechselseitigen und weitverzweigten Geschäftsverbindungen vermitteln den Umlauf der Handelspapiere. Dieses medium fehlt bei Hypotheken. Ihnen mangelt die leichte Uebertragbarkeit weit weniger wegen der umständlicheren Form, als wegen der Schwierigkeit, daß Angebot und Nachfrage sich begegnen, Käufer und Verkäufer sich finden. Die Einführung gesetzlicher Kündigungs- und Zins- (Umschlags-) Termine — bei ländlichen Grundstücken für jedes Semester, bei städtischen für jedes Quartal — wird in dieser Beziehung eine nicht unwesentliche Hilfe gewähren. Ueberzeugend ist, was Hirsekorn bei seiner Vernehmung in der Enquête über das Hypotheken-Bankwesen aus der Praxis in seiner Heimath (Hamburg) hierüber sagt: „Eine solche Fixirung von bestimmten Geldterminen würde das Wünschenswertheste sein, was eine Preußische Hypotheken-Ordnung zunächst vorzusehen hätte. Es wird dadurch auch übersichtlicher werden, wie groß das Bedürfniß, ist und wie groß die Mittel sind, dasselbe zu befriedigen. Es wird sich dabei herausstellen, daß oft nur wenige Hunderttausend Thaler dazu gehören, um damit dem Bedürfnisse für mehrere Millionen zu genügen, denn diese Hunderttausende laufen in einem Kreislauf herum und befriedigen zehn bis zwölf Posten. Der Eine empfängt das Geld für seine Hypothek, um es dem Andern für eine Hypothek, die er wieder nimmt, sofort wieder auszuzahlen u. s. f., und so wird dasselbe Zahlungsmittel dazu dienen, die zehn- oder zwölffache Summe auszuzahlen.“ [38])

Man hat zwar die Umschlagstermine als „Beschränkungen der freien Bewegung“ und deshalb als einen wirthschaftlichen Rückschritt hinzustellen versucht; sie sind indeß in Wirklichkeit das gerade Gegentheil — ein offenbarer Fortschritt:

Das ganze Wirthschaftsleben regelt ein einheitliches Gesetz. Zur Zeit der Natural-Wirthschaft suchten sich Producenten und Consumenten einander auf; behufs ihrer Zusammenführung entstanden periodische Märkte; sodann zur Zeit der beginnenden Geldwirthschaft machten Handeltreibende die Ausgleichung der Bedürfnisse zu ihrem Gewerbe; endlich entstanden Centralpunkte für den Handel (Messen ꝛc.). Ganz ebenso ist in der ersten Periode der Credit-Wirthschaft der Credit ohne Vermittelung; dann bilden sich Märkte für Creditpapiere (Börsen), die Credit-Vermittelung wird zu einem bestimmten Gewerbe (Banquiers, Banken); endlich entstehen Centralpunkte zur Abwickelung der Credit-Geschäfte (die Haupt-, National- oder Landes-Banken). Wie der Fortschritt von der Natural-Wirthschaft zur Geld-Wirthschaft erst dadurch möglich geworden ist, daß die Ausgleichung der Bedürfnisse zu einem besonderen Gewerbe, und in dem Gelde ein Object von allgemein bekanntem Werthe gefunden wurde, welches als Regulator für die wechselseitigen Bedürfnisse dient, so wird der Fortschritt von der Geld- zur Credit-Wirthschaft dadurch ermöglicht, daß die Credit-Vermittelung zu einem selbständigen Gewerbe, und in den Creditpapieren der Banquiers und Banken ein Regulator für die wechselseitigen Creditbedürfnisse gefunden wird. Wie aber die Geldwirthschaft in den Städten

[38]) Zu vergl. die Stenographischen Berichte S. 125 ff. Aehnlich sprechen sich aus v. Meding a. a. O. S. 11, Groth a. a. O. S. 41. und andere.

weit früher zur Ausbildung gelangt ist, als auf dem Lande, so hat auch der städtische d. h. der kaufmännische Credit sich weit schneller entwickelt, als der ländliche d. h. der Real-Credit. Während der kaufmännische Credit schon längst im ausgedehnten Maße durch Banken vermittelt wird, steht der Realcredit in vielen Landestheilen noch auf der niedrigsten Stufe, indem Creditnehmer und Creditgeber sich gegenseitig suchen müssen. Erst in neuerer Zeit hat man angefangen, durch Einführung der Umschlags-Termine zur Bildung periodischer Märkte, durch Gründung von Credit-Verbänden zur bankmäßigen Vermittelung zu schreiten; von einem Central-Institute will man vielfach noch nichts hören. — Offenbar strebt man nach demselben Ziele; aber man schreitet langsam fort! Das Zurückbleiben muß hier dem Grundbesitze nothwendig zu größerem Nachtheile gereichen, als bei dem Uebergange von der Natural- zur Geldwirthschaft. Denn die Geldwirthschaft war in Zeiten der Einfachheit für den Grundbesitzer entbehrlich, da er die meisten seiner Bedürfnisse durch eigene Production befriedigte; die Credit-Wirthschaft dagegen ist in der Gegenwart für ihn ganz besonders wichtig, weil seine eigenen Capitalien in dem Grund und Boden fixirt sind.

Auf der anderen Seite erscheint es nicht zweifelhaft, daß die Vereinfachung der Uebertragungsform, so weit sie unbeschadet der Sicherheit möglich ist, angestrebt werden muß; denn alle Formalien, welche zur Beurkundung des Geschäftes nicht wesentlich gehören, beeinträchtigen die Klarheit und Einfachheit, wirken mithin schädlich. Wenn die Rechtsbeständigkeit der Hypothek von der Gültigkeit des Schuldtitels unabhängig ist, so können an die Stelle der weitschichtigen Hypotheken-Documente Atteste über die Eintragung in das Grundbuch treten, und die Cessionen in beglaubigten Vermerken bestehen, welche auf die Documente selbst gesetzt werden. Bei Anwendung dieser Form wird jede Schwierigkeit der Zinszahlung beseitigt — §. 413. I. 11. A.-L.-R. — und durch Feststellung der einzelnen Forderungs-Inhaber den betrüglichen Collusionen vorgebeugt. Gegen die fortbestehende Schwierigkeit der Benachrichtigung von den das Grundstück betreffenden Rechts-Veränderungen läßt eine ausreichende Hülfe sich dadurch schaffen, daß die den Notaren und Gerichten hinsichtlich der Veräußerungs-Verträge in der Instruction vom 12. Juni 1835[39]) auferlegte Verpflichtung auf die Beglaubigung von Cessions-Vermerken analog ausgedehnt wird. „Jeder Notar hat eine beglaubigte, aber stempelfreie Abschrift des

[39]) v. Kamptz Jahrb. Bd. 45 S. 510.

Cessions-Vermerkes an die Hypothekenbehörde durch recommandirtes Schreiben einzusenden und, daß solches geschehen, bei der Beglaubigung auf dem Documente zu vermerken, bevor er dasselbe an die Interessenten aushändigt. Die Hypothekenbehörde hat den Eigenthums-Wechsel dem Grundbesitzer zu notificiren und auf dem bei ihren Acten befindlichen Concepte des ausgefertigten Documentes zu vermerken, auch den Cessionar von der genommenen Notiz zu benachrichtigen" — letzteres, damit dem Gläubiger Gelegenheit gegeben wird, etwaige Unrichtigkeiten bei Zeiten geltend zu machen.

Wenngleich es kaum zweifelhaft erscheint, daß auf diese Weise eine leichte Uebertragungsform unbeschadet der Rechts-Gewißheit zu ermöglichen ist, so läßt sich doch nicht verhehlen, daß eine wesentliche und namentlich dauernde Erleichterung des Credites von ihr nicht erwartet werden darf. In ruhigen Zeiten des Wirthschaftslebens wird zwar die bequeme Form die Weiterbegebung erleichtern; sobald aber Krisen eintreten, wird trotz aller leichten Formen die Uebertragung nicht möglich sein. Jede Erweiterung der Kapitals-Nachfrage, jede Erhöhung des Zinsfußes äußert sich bei den Börsen-Papieren in dem Sinken der Course. Zu einem niedrigen Course will Niemand verkaufen, Jeder kaufen. Deshalb kündigt Derjenige, welcher Kapital bedarf oder die Vortheile des erhöhten Zinsfußes wahrnehmen will, seine Hypotheken, welche den al pari-Cours unverändert behalten[40]). Je mehr aber die Geldwirthschaft zur Creditwirthschaft sich erweitert, desto mehr wird diese Gefahr wachsen; denn je entwickelter ein Organismus ist, desto empfindlicher ist er für äußere Einflüsse; die Staaten mit den durchgebildetsten Wirthschafts-Systemen sind den Handelskrisen und Geschäftsstockungen am häufigsten unterworfen.

Hiernach ist es nicht sowohl die Form der Uebertragung, als die Gefahr der Kündigung, welche den Credit erschwert und immer mehr erschweren wird, je weiter wir fortschreiten. Deshalb tritt an die Grundbesitzer immer dringender die Mahnung, bei Aufnahme ihres Credites an dem Fundamentalsatze der Creditwirthschaft festzuhalten, daß Niemand eine Schuld contrahiren darf, deren Rückzahlung am Fälligkeitstermine ihm von vornherein unmöglich ist. Der Grundbesitzer kann zwar das Kapital zurückerstatten, aber erst nach langer Zeit (S. 14); deshalb darf er nur einen

[40]) Statt aller anderen Beispiele darf hier nur an den großen Einfluß erinnert werden, welchen erst vor wenigen Jahren die Vorliebe für die gewinnbringenden und hinsichtlich der Sicherheit überschätzten „Amerikaner" auf den Hypothekenmarkt hatte.

lang dauernden Individual-Credit nehmen, wie ein solcher bei den oben unter Lit. a. aufgeführten Hypotheken gewährt wird. Die Hypotheken der zweiten Kategorie dagegen, d. h. diejenigen, welche an Zahlungsstatt gegeben werden und als Umsatzmittel dienen, sind in Formen zu kleiden, bei denen die Tilgung durch Amortisation erfolgt, und so die Gefahr der Kündigung vermieden wird; derartige Formen sind die Pfandbriefe für erste und die durch Credit-Institute vermittelten Handvesten[41]) für zweite und dritte Hypotheken.

Nur durch die scharfe Sonderung beider Arten des Credites — des Individual- und des Bank-Credites — ist Sicherheit in den Verkehr zu bringen.[42]) Beide beruhen auf verschiedenen Grundsätzen und

[41]) Zu vergl.: der Nachtrag zu dem Statute des Berliner Pfandbrief-Institutes (Communalblatt der Haupt- und Residenz-Stadt Berlin Jahrg. VII. Nr. 19 vom 12. Mai 1867 Beil. X.) und meine Schrift: Die Creditnoth der Grundbesitzer 2c. S. 83 ff.

[42]) Durch diese Sonderung wird selbstredend die freiwillige Amortisation bei Individual-Hypotheken, deren Einführung namentlich v. Rabe wiederholt und dringend empfohlen hat, nicht ausgeschlossen. Er sagt: „Ich glaube, daß die Haupthülfe für den Realcredit darin liegen wird, wenn in allen Provinzen Tilgungskassen eingerichtet werden. Seitens der Westpreußischen Landschaft ist bereits die Einrichtung einer solchen Hypotheken-Tilgungskasse angebahnt, deren Bestimmung die ist, daß sie Tilgungsbeiträge zur zinseszinslichen Verwaltung annimmt mit der einen Beschränkung, daß das Kapital nicht unter 1000 Thlr., die Tilgungsbeiträge nicht unter 1 pC. umfassen dürfen. Diese Tilgungsbeiträge sollen dem betreffenden Hypothekengläubiger, für dessen Kapital sie eingezahlt werden, und zwar in der Art für Verlust an Kapital und Zinsen haften, daß, wenn bei einer Subhastation Ausfälle entstehen, er dennoch für sein Kapital diesen Bestand erhält, selbst wenn vor ihm eingetragene Gläubiger Verluste erlitten haben, daß also die Sicherheit seiner Hypothek von Jahr zu Jahr wächst..... Executionsmittel sollen den Tilgungskassen nicht zu Gebote stehen; sie sollen nur die Verpflichtung haben, daß, wenn die Art der Tilgung gewählt ist, sie dem Gläubiger anzeigen: dein Schuldner zahlt keine Tilgungsbeiträge mehr; dann mag er kündigen 2c. (Verhandlungen der Enquête über das Hypotheken-Bankwesen S. 57). — Die Vortheile der Entstehung derartiger Institute wären gar nicht hoch genug anzuschlagen. Einerseits würden sehr viele Kapitalisten von vornherein sich verpflichten, bei pünktlicher Zahlung der Tilgungsraten nicht zu kündigen; andererseits würden auch diejenigen, welche eine derartige Verpflichtung nicht eingehen, von dem Kündigungsrechte keinen Gebrauch machen, weil ihre Hypothek mit jedem Jahre werthvoller wird. Ferner bildeten die Institute die geeignetste Grundlage für allgemeine Hypotheken-Märkte. Endlich aber würde nichts mehr als die Einführung der Amortisation dazu beitragen, den Güterschwindel einzuschränken — zu vergl. Rodbertus a. a. O. S. 11 ff., Grundz. conserv. Politik Berlin 1868 S. 138. — Allerdings läßt sich nicht verkennen, daß bei der gegenwärtigen, hohen Verschuldung der Amortisation viele Schwierigkeiten entgegenstehen. Aber gerade dies sollte ein Grund sein, nicht noch länger zu säumen. Die gegenwärtige hohe Belastung ist die

haben deshalb auch verschiedene Formen. Wer die Vortheile der Bank-Creditpapiere (leichte Umsatzfähigkeit) genießen will, möge die für diese Papiere unerläßlichen Bedingungen erfüllen; wer auf individuellen Credit Anspruch macht, muß sich auf das Gebiet beschränken, innerhalb dessen die Erhaltung der individuellen Beziehungen möglich ist. [43])

Folge der nicht rechtzeitig erfolgten Entlastung. Wird mit der Verschuldung ohne Amortisation fortgefahren, so muß nothwendig auch in Zukunft die Schuldenmasse und im Anschlusse hieran die aus jeder Fluctuation des Zinsfußes entstehende Gefahr der Ueberschuldung und des Güterschwindels wachsen.

[43]) Dieselbe Mahnung, welche an den Grundbesitzer herantritt, tritt aber auch an den Gesetzgeber. Nach dem geltenden Erbrechte ist der Grundbesitz gewissermaßen gezwungen, einen Credit zu nehmen, welchen er nicht zurückgewähren kann. Allen Erben gebührt ein Antheil an der Erbschaft, also auch an dem zu ihr gehörigen Grundbesitze. Die Naturaltheilung ist nicht möglich, da jedes Gut aus verschiedenen Bestandtheilen, Gebäuden, Hof, Garten, Acker rc. besteht, und häufig auch die auf ihm haftenden Lasten die Theilung unmöglich machen. Deshalb schreibt das Gesetz für den Fall, daß eine Einigung nicht erfolgt, meistbietenden Verkauf vor. Dadurch wird zwar eine gleichmäßige Vertheilung möglich; wegen der Nothwendigkeit des Verkaufes liegt aber die Gefahr nahe, daß ein angemessener Preis nicht zu erzielen ist. Wollen die Erben dieser Gefahr entgehen oder verhüten, daß das Besitzthum, welches mit der Geschichte ihrer Familie durch tausendfache Beziehungen verknüpft ist, in fremde Hände übergeht, so müssen die Abfindungssummen baar gezahlt werden. Die Mittel hierzu bieten „kündbare" Hypotheken. Bei eintretender Kündigung tritt dann aber nur gar zu oft an die Stelle des ursprünglich vermiedenen Verkaufes Theilungshalber der Verkauf Schuldenhalber.

Nicht der von unzähligen Zufälligkeiten abhängige Kaufpreis, sondern der Schätzungswerth ist der Maßstab für den Werth. Der Schätzungswerth muß also gleichmäßig getheilt werden. Nur dann, wenn keiner von den Erben den Schätzungswerth gewähren will, ist zum Verkaufe zu schreiten. Das Gesetz muß bestimmen, wer unter mehreren Erben den Vorzug hat. Da der Uebernehmer des Grundstückes nicht im Stande ist, die Abfindungs-Summen von dem Grundstücke sofort abzulösen, vielmehr dieselben nur in Annuitäten entnehmen kann, so dürfen die Erbabfindungen nicht kündbar, müssen vielmehr in Annuitäten rückzahlbar sein. Den abzufindenden Erben ist die gesetzliche Verpflichtung aufzulegen, Schuldbriefe über die Abfindungs-Summen zu einem bestimmten Zinsfuße und einem nach der Höhe der Belastung wachsenden Amortisations-Satze in Zahlung zu nehmen. Sie würden eine ähnliche Stellung erhalten, wie die Gutsherren bei Ablösung der Reallasten. Nur hätten sie selbstredend weder auf das den Rentenbriefen beigelegte Vorrecht vor den Hypotheken, noch auf irgend welche anderweitige Garantie Anspruch. Dagegen würde festzusetzen sein, daß bei nicht pünktlicher Zahlung einer Annuität die Abfindungs-Summe sofort fällig wäre. Die Vermittelung der Ablösung könnte den Rentenbanken oder im Falle ihrer Bereitwilligkeit den Creditverbänden übertragen werden.

Mit der Reform des Intestat- dürfte die des Testaments-Erbrechtes zu verbinden, und namentlich mit Beseitigung des römischrechtlichen Pflichttheilsrechtes die volle Testirfreiheit einzuführen sein. Wenigstens aber möchte es geboten erscheinen, die in Westphalen geltende Bestimmung, nach welcher die landwirthschaftlichen Güter von

3. Wie die Hypotheken-Rechte nur durch Eintragung in das öffentliche Buch entstehen, so gehen sie nur durch Löschung unter. Bei den unter Nr. 2a erwähnten Hypotheken, welche mit Nennung des Gläubigers eingetragen werden, und bei denen das Document nur Beweismittel ist, erscheint dies selbstverständlich. Es gilt jedoch auch bei den unter Nr. 2b aufgeführten, welche ohne Nennung des Gläubigers eingetragen werden, und bei denen das Document als Träger der Obligation gilt. Wird das Document kassirt, ohne daß die Löschung erfolgt, so hat die Hypothek die Natur einer freigewordenen Stelle, über welche der Eigenthümer des Grundstückes frei verfügen kann.

Die Bedingungen der Eintragung sind nach dem Zwecke des Hypothekenbuches „Feststellung der Rechte an einem Grundstücke durch deren Veröffentlichung" zu bestimmen. Deshalb hat der Hypotheken-Buchführer nicht, wie bisher, die Gültigkeit des dem Eintragungs-Antrage zu Grunde liegenden Rechtsgeschäftes (die Legalität) zu prüfen, sondern lediglich den auf die Eintragung gerichteten Willen der Interessenten (den Consens) festzustellen. Dieser muß genügender Grund zur Eintragung sein; denn „kein selbstständiger Mann kann sich beklagen, wenn das, was er gewollt und in beglaubigter Form erklärt hat, vollzogen wird; wohl aber hat er begründeten Anlaß zur Klage, wenn wider seinen erklärten Willen in seine Verhältnisse eingegriffen wird". Im Einzelnen ist hiernach von Amtswegen nur zu prüfen, ob der Antrag

1. von den Interessenten ausgeht, insbesondere, ob der Disponirende mit dem nach Inhalt des Hypothekenbuches zur Disposition Berechtigten identisch ist,

2. ein zur Eintragung in das Hypothekenbuch geeignetes Rechtsverhältniß (Eigenthums-Uebertragung, Einräumung oder Löschung einer Servitut, Hypothek 2c.) betrifft,

---

wenigstens 25 Thlr. katastrirtem Reinertrage, wenn sie einem Descendenten oder Ehegatten hinterlassen werden, bei Berechnung des Pflichttheiles nur zum 16fachen ihres Kataster-Ertrages abgeschätzt werden — Ges. vom 4. Juni 1856 — auch auf die übrigen Provinzen auszudehnen, wie solches im Jahre 1853 im Herrenhause beantragt war.

Auch hinsichtlich des Erbrechtes in Grundbesitz kann England wiederum als Muster dienen. Dort kann jeder Willensfähige über seinen Grundbesitz (sofern derselbe nicht zu besonderen Güterarten gehört) von Todeswegen völlig frei verfügen, und zwar ohne alle Rücksicht darauf, ob und wie viele Kinder er hat. Wenn er ohne letztwillige Verfügung stirbt, so tritt die gesetzliche Erbfolge nach Linien ein; der Mannesstamm geht dem Weiberstamme vor; unter gleich nahen Verwandten entscheidet das Recht der Erstgeburt 2c.

3. einen Willensact enthält, namentlich, ob die Antragsteller willensfähig (verfügungs- resp. erwerbsfähig) sind.

Daß das Vorhandensein der Bedingungen zu 1 und 2 amtlich festgestellt werden muß, ist unbestritten. Dagegen wird die zu 3 geforderte amtliche Prüfung der Willensfähigkeit von vielen Seiten verworfen. Hierbei läßt man indeß unberücksichtigt, daß der an Stelle der Legalität geforderte „Consens der Interessenten" rechtlich nicht vorhanden ist, wenn einem der Erklärenden die Willensfähigkeit abgeht. Allerdings bietet auch die amtliche Prüfung keine absolute Garantie, da der Buchbeamte über die Willensfähigkeit sich täuschen kann. Dadurch verliert indeß die Prüfung nicht ihren Werth. Die vorauszusetzende Gewissenhaftigkeit des Hypothekenbeamten gewährt die Sicherheit, daß der Mangel bei einem gewöhnlichen Grade von Aufmerksamkeit verborgen bleiben konnte, und hierdurch erscheint es gerechtfertigt, wenn das Gesetz „zu Gunsten des redlichen Dritten" das abgeschlossene Geschäft aufrecht erhält, der etwaige Rechtsnachtheil also denjenigen trifft, dessen Person mit dem versteckten Mangel behaftet war. — Gegen die aus der Prüfung von Amtswegen den Interessenten in einzelnen Fällen erwachsenden Weiterungen und möglichen Rechts-Verletzungen dürfte durch eine dem §. 3 der Notariats-Ordnung v. 11. Juli 1845 analoge Bestimmung Abhülfe zu schaffen sein: „Der Hypotheken-Beamte ist zur Belehrung der Interessenten und zur ausdrücklichen Erwähnung dieser Belehrung in dem Eintragungs-Vermerke verpflichtet, wenn er wahrnimmt, daß auch nur einem Interessenten die zu dem beabsichtigten Geschäfte erforderliche Handlungs- und Verfügungsfähigkeit abgeht." Die mit dieser Beschränkung auf Verlangen unweigerlich zu bewirkende Eintragung müßte zur Folge haben, daß die Unanfechtbarkeit des eingetragenen Rechtsverhältnisses nur vorbehaltlich der Geltendmachung des erwähnten Mangels gewährt wird, die Einrede der mangelnden Willensfähigkeit also gegen jeden Dritten wirksam bleibt. — Die Beschränkung würde auf Antrag der Interessenten zu löschen sein, sobald der Mangel gehoben oder im Beschwerdewege Remedur erzielt ist.

Consequenzen des Consens-Principes sind:

a. Die Eintragungs-Anträge müssen den einzutragenden Vermerk genau angeben. Dagegen brauchen die Rechtsgeschäfte, auf welche dieselben sich gründen, nicht kundgethan zu werden. Auch einer Angabe der causa debendi bedarf es nicht. Der hierfür angeführte Grund: „weil häufig in dieser Beziehung einschränkende Bestimmungen im Hypothekenbuche eingetragen seien" [44]) ist nicht zutreffend; vielmehr muß zur Erreichung voller Sicherheit der Consens derjenigen Personen, zu deren Gunsten eine Dispositionsbeschränkung eingetragen ist, bei allen Verfügungen des Beschränkten gefordert werden.

b. Die schriftlich eingereichten Anträge, sowie etwaige Vollmachten und Legitimations-Urkunden müssen durch einen mit öffentlichem Glauben versehenen Beamten, also durch einen Richter oder Notar beglaubigt sein. Die Beglaubigungen können durch einfachen Vermerk und in der Regel [45]) ohne Zuziehung von Instruments-Zeugen bewirkt werden. [46])

c. Veränderungen in den Eigenthums-Verhältnissen sind nur auf gemeinschaftlichen Antrag der Betheiligten,

d. alle dinglichen Verpflichtungen auf Antrag des Eigenthümers, [47])

e. Cessionen auf Antrag des Cedenten,

f. Löschungen auf gemeinschaftlichen Antrag des bisher Berechtigten und des Eigenthümers [48]) einzutragen.

Die Umschreibung eingetragener Rechte auf den Namen der Erben erfolgt — da diese die Person des Erblassers fortsetzen [49]) — nach ihrem einseitigen Antrage auf Grund des Testamentes oder des Legitimations-Attestes. Die Verpflichtung des Hypotheken-Buchführers zur Prüfung, ob nach den beigebrachten Urkunden die Umschreibung erfolgen darf, ist eine Folge seiner Verpflichtung zur Feststellung der Personen-Identität zwischen dem Disponirenden und dem zur Disposition Berechtigten.

Der Consens der Betheiligten kann nur durch die Autorität des Proceßrichters ergänzt werden. Deshalb fallen — abgesehen von den Vermerken über Mängel der Willensfähigkeit — alle Eintragungen von Amtswegen fort. Protestationen dürfen nur auf Requisition des

---

[44]) Amtl. Entw. v. 1864 S. 45.

[45]) Ausnahmen werden hinsichtlich der Analphabeten rc. geboten sein.

[46]) Den Notaren und Gerichten dürfte hierbei die Verpflichtung aufzulegen sein, über die Beglaubigungen Register zu führen, in diese die einzelnen Vermerke einzutragen und die Nummer der Eintragung dem Beglaubigungs-Vermerke beiznfügen. Zu vergl. Amtl. Entw. v. 1864 S. 48.

[47]) Der Consens derjenigen, welchen das Recht zugeschrieben werden soll, wird nicht — wie §. 40 d. Entw. d. Grundb. Ordn. verlangt — erforderlich sein, da die Acceptation durch concludente Handlungen erfolgen kann.

[48]) Rechte, welche ihrer Natur nach mit dem Tode des Berechtigten untergehen, werden auf einseitigen Antrag des Eigenthümers unter Beifügung des Todtenscheines gelöscht werden können, ohne daß es der im §. 67 Entw. d. Grundb. Ordn. geforderten Requisition des zuständigen Richters bedarf.

[49]) Diese Personen-Identität läßt der §. 52 d. Entw. d. Grundb. Ordnung unberücksichtigt.

Proceßrichters eingetragen und selbst Unrichtigkeiten — mögen sie auf factischen oder rechtlichen Irrthümern beruhen — ohne Zustimmung der Interessenten nicht anders, als auf Grund derartiger Requisitionen berichtigt werden.

Die durch Eintragung in das Hypothekenbuch erkennbar gemachten Rechte müssen von jedem Dritten anerkannt werden. Consequenzen dieses Satzes sind:

a. Für alle bei dem Hypothekenbuche oder auf Grund desselben vorgenommenen Rechtsgeschäfte ist nur der Inhalt des Hypothekenbuches, nicht der der Grundacten maßgebend und zwar selbst dann, wenn in dem Eintragungsvermerke auf die bei den letzteren befindlichen Urkunden ausdrücklich Bezug genommen ist.

b. Für den Erwerb und den Verlust von Rechten ist nicht das Präsentatum, sondern die Zeitfolge der wirklichen Eintragung maßgebend.[50])

c. Die Anfechtung eingetragener Rechte ist nur unter den Contrahenten resp. deren Erben und gegen diejenigen, welche im bösen Glauben sich befinden, zulässig; gutgläubige Dritte werden gegen alle Anfechtungsgründe aus den Personen ihrer Rechtsvorgänger geschützt, sofern dieselben sich nicht auf den Inhalt des Hypothekenbuches z. B. auf eingetragene Dispositionsbeschränkungen gründen.[51])

d. Dritte, welche mit dem eingetragenen Berechtigten ohne Rücksichtnahme auf entgegenstehende protestativische Vermerke sich einlassen, müssen die demnächst auf Requisition des Proceßrichters erfolgende Umschreibung der Protestationen in definitive Rechte gegen sich gelten lassen.

e. Jeder Erwerber eines dinglichen Rechtes muß die bereits constituirten Rechte anerkennen, d. h. die publicirten dinglichen Rechte rangiren nach dem Alter der Eintragung. — Auch bei Servituten kann ohne Verletzung der Consequenz und ohne Schädigung des Real-Credites hiervon nicht abgewichen werden; sie dürfen mithin im Falle der Subhastation älteren Hypothekengläubigern nicht entgegenstehen. Die Einwilligung kann in derselben Weise, wie bei dem Abverkaufe kleiner

[50]) Anscheinend soll dieser Satz auch nach dem Entw. d. Grundb. Ordn. gelten — §. 5 al. 2, 91 — alsdann ist aber die im §. 46 angeordnete Eintragung des Präsentatums überflüssig.

[51]) Ausnahmen von diesem Satze, wie sie z. B. der Entw. d. Grundbuch-Ordn. im §. 4 al. 2 gestattet, erscheinen unzulässig, da sie das Princip der Publicität durchbrechen.

Parcellen durch Atteste der Regulirungsbehörden (denen event. die Credit-Verbände zu substituiren sein möchten) ersetzt werden. — Die im Rechtswege erstrittenen nothwendigen Servituten müssen auf jeden Erwerber übergehen; deshalb ist bei ihnen dem obigen Principe dadurch Rechnung zu tragen, daß mit den festgesetzten Entschädigungs-Summen nach den bei Servitut-Ablösungen und bei Expropriationen von Parcellen maßgebenden Grundsätzen verfahren wird.

Der mehrfach in Vorschlag gebrachte Satz, daß im Falle der Subhastation die eigene Hypothek des Subhastaten weder von diesem noch von seinen persönlichen Gläubigern geltend gemacht werden kann,[52]) verletzt das Princip der Publicität und ist auch aus Billigkeits-Rücksichten nicht geboten. Kein Gläubiger hat Anspruch auf eine bessere Stelle im Hypothekenbuche, als ihm ursprünglich eingeräumt ist. Die Hypotheken des Subhastaten sind Executions-Objecte, wie sein übriges Vermögen. Die darauf fallenden Kaufgelder können mithin von den nicht zur Hebung gelangenden Gläubigern mit Arrest belegt werden. Es liegt aber kein Grund vor, die persönlichen Gläubiger mit executorischem Titel ihnen nachzusetzen.

f. Jedem dinglich Berechtigten haftet das Grundstück mit allen zur Zeit der Eintragung des Rechtes demselben bereits zugeschriebenen Pertinenzien und Gerechtigkeiten. Hierbei wird es sich empfehlen, den de lege lata bestrittenen Satz, daß an Stelle der abgebrannten Gebäude die Versicherungsgelder den eingetragenen Berechtigten haften, und Cessionen, sowie Verpfändungen derselben den letzteren gegenüber wirkungslos sind, zum Gesetze zu erheben. Hingegen dürfte die weitere Ausdehnung des Satzes auf Versicherungsgelder für stehende Früchte[53]) durch das Bedürfniß nicht geboten, und wegen des häufigen Wechsels dieser Summen nur mit großen Schwierigkeiten durchführbar sein.

g. Die Abschreibung von Parcellen und zugeschriebenen Gerechtigkeiten ist nur mit Genehmigung der sämmtlichen Realberechtigten event. auf Grund von Unschädlichkeits-Attesten zulässig. — Die Einführung dieses in den Königreichen Sachsen und Baiern und in den Sächsischen Herzogthümern bereits geltenden Principes ist um so mehr geboten, als durch Parcellirung des verpfändeten Grundstückes die Sicherheit der Realgläubiger auf das Höchste gefährdet werden kann: einerseits gewährt ein Güter-Complex sehr häufig größere Sicherheit, als eine Anzahl kleiner Parcellen; andererseits werden durch die eventuelle Noth-

[52]) Zu vergl. Bornemann a. a. O. Antrag Nr. 8.
[53]) Zu vergl. Entw. d. Grundb. Ordn. §. 13.

wendigkeit einer größeren Zahl von Subhastationen die Kosten der Beitreibung erheblich erhöht.

h. Diejenigen Parcellen und Gerechtigkeiten, welche dem Hauptgrundstücke nach Anlegung des Foliums zugeschrieben werden, sind dem bereits eingetragenen Realberechtigten nicht verhaftet. — Aus der consequenten Anwendung dieses Satzes entstehen indeß namentlich dann vielfache Verwickelungen, wenn jedes der zusammenzuschlagenden Grundstücke mit Hypotheken belastet ist.[54]) Deshalb dürfte es sich empfehlen, die Zuschreibung — ebenso wie die Abschreibung — davon abhängig zu machen, daß die Realberechtigten ihren Consens ertheilen und gleichzeitig sich über die Rangordnung einigen. Wegen der Nothwendigkeit einer „Einigung" können aus der Abweichung von dem Principe Rechts-Verletzungen nicht erwachsen.

Weit weniger Meinungs-Verschiedenheiten als über die Reform des materiellen Rechtes, bestehen über die Aenderungen der Hypotheken-Ordnung (des formellen Rechtes). Man wird hier den in der Hauptsache übereinstimmenden neueren Vorschlägen nur beitreten können:

Die äußere Einrichtung des Hypothekenbuches muß dessen Zwecke entsprechen, also die Rechtslage des Grundstückes in übersichtlicher Form erkennbar machen. In seiner Eigenschaft als Grundbuch soll dasselbe Auskunft geben:

a. über das Eigenthum,
b. über die ihrer Natur nach dauernden dinglichen Rechte,
c. über die lösbaren und nicht durch Besitz erkennbaren dinglichen Rechte — zu vergl. S. 12. —

Dem entsprechend würden bei jedem Folium 3 Rubriken anzulegen sein, wie solches die Mecklenburgische revid. Stadtbuchordn. und nach ihrem Vorbilde der Entw. d. Grundbuch-Ordn. bestimmt.

In seiner Eigenschaft als Pfandbuch muß das Hypothekenbuch Auskunft geben:

a. über den Activ-Zustand,
b. über den Passiv-Zustand.

Die Sicherheit der Realberechtigten ist abhängig von dem Activ-Zustande und von dem Umfange der vorgehenden Passiva. Die Activa sowohl als die Passiva können im freien Verkehre ohne Einwilligung der Real-Interessenten eine denselben nachtheilige Rechtsänderung nicht erleiden, wohl aber im Falle der Executions-Vollstreckung. Dem entspricht die Eintheilung des Foliums in 4 Abtheilungen (Titelblatt und 3 Rubriken):

[54]) Zu vergl. Amtl. Entw. v. 1864 S. 73 fg., Entw. d. Grundb. Ordn. S. 61 fg.

a. Activ-Zustand, soweit derselbe von der Subhastation unberührt bleibt — Bezeichnung des Grundstückes mit seinen Bestandtheilen und Pertinenzien, nach seiner Lage und dem bei der Grundsteuer-Regulirung oder sonst ermittelten Flächen-Inhalte, Kataster-Nummer und Kataster-Reinertrag, Höhe der Feuer-Versicherung 2c.

b. Activ-Zustand, soweit derselbe durch die Subhastation sich ändert — Besitzer und etwaige persönliche Dispositionsbeschränkungen, Erwerbspreis 2c.

c. Passiv-Zustand, soweit die Verpflichtungen nicht durch Subhastation realisirt werden können — Servituten und Reallasten, an der Sache haftende Dispositionsbeschränkungen, Fideicommiß-Qualität 2c.

d. Passiv-Zustand, soweit die Verpflichtungen durch die Subhastation realisirt werden — Hypothekenrechte, Geldrenten.

Diese Eintheilung unterscheidet sich von der obigen Dreitheilung wesentlich nur dadurch, daß die Bezeichnung „des Grundstückes und des Eigenthümers“ in zwei verschiedenen Rubriken erfolgt. Gerade hierdurch wird aber die Uebersichtlichkeit erhöht, und dürfte ihr deshalb um so mehr der Vorzug einzuräumen sein, als sie die unveränderte Beibehaltung der vorhandenen Hypothekenbücher möglich macht.

Auch die Eintheilung der Rubriken in Colonnen wird ganz in der bisherigen zweckentsprechenden Weise beibehalten werden können.

Dagegen scheint es sich zu empfehlen, neben dem Hypothekenbuche ein Documentenbuch einzuführen, in welchem beglaubigte Abschriften aller derjenigen Documente, die nicht durch Umschreibung auf dem Hypothekenbuchs-Folium, sondern durch Vermerke auf der Rückseite übertragbar sind, nach der Reihenfolge ihrer Eintragung in das Grundbuch gesammelt werden. Alle, diese Documente betreffenden Rechtsveränderungen sind, sobald sie dem Hypotheken-Amte angezeigt werden, auf den beglaubigten Abschriften zu vermerken.

Die Urkunden, welche als Beläge für die Eintragungen im Hypothekenbuche dienen (die Eingaben und Exhibita, die Concepte der Verfügungen 2c.), sind in Grundacten zu sammeln, welche — wie gegenwärtig — für jedes Folium besonders geführt werden. Aus den Belägen der Eintragungen im Documentenbuche würde ein vol. spec. zu bilden sein.

Die Anlegung besonderer Grundkarten erscheint dringend wünschenswerth; doch wird ihnen die in dem Entw. d. Grundbuch-Ordnung beanspruchte Bedeutung, „daß sie bei allen Grenzirrungen endgültige Entscheidung geben und **jeden Gegenbeweis** ausschließen" — §. 21 — nicht beigelegt werden dürfen, da eine derartige Beweiskraft mit Nothwendigkeit zu positiven Unwahrheiten und den gefährlichsten Verwickelungen führen würde, (z. B. bei Alluvionen, Avulsionen rc.)

Die Einsicht des Hypothekenbuches muß, wenn nicht die Publicität eine reine Fiction sein soll, **jedem** gestattet sein. Bei der veränderten Natur der Hypothek kann hieraus den Grundbesitzern ein Nachtheil nicht erwachsen; namentlich ist aus dem Hypothekenbuche über den Stand ihres Vermögens nichts zu entnehmen, da jeder Grundbesitzer für sich selbst Hypotheken eintragen lassen kann, und die Namen der Gläubiger nicht eingetragen werden. Die Einsicht der Grundacten dagegen und des Documentenbuches ist nur **den Interessenten** zu gestatten. Zu diesen gehören aber namentlich nicht die Steuerbehörden, denen gegenwärtig behufs Veranlagung zur Einkommensteuer die Einsicht der Hypothekenbücher gestattet ist. Die Furcht vor erhöhter Einschätzung muß nothwendig die Capitalien dem Hypotheken-Verkehre entfremden und den der Controlle der Steuerbehörden entzogenen Börsenpapieren zuführen.

Derselbe Gesichtspunkt, welcher für die Einrichtung des Hypothekenbuches maßgebend ist: „Uebersichtlichkeit und Einfachheit", muß auch bei Bildung der Documente leitend sein.

Dem Eigenthümer ist nur auf ausdrückliches Verlangen ein Besitzdocument zu ertheilen, und zwar je nach dem Antrage entweder bloß ein Attest über die ihn legitimirende Eintragung oder ein vollständiger Hypothekenschein.

Ueber die Eintragungen in II. Rubrik sind auf Antrag Recognitionsatteste auszufertigen, welche lediglich den Eintragungs-Vermerk enthalten.

Ganz vorzugsweise wichtig sind „Einfachheit und Verständlichkeit" bei den **Hypotheken**-Documenten; diese können nur dann ohne größern Kosten- und Zeitaufwand hergestellt und zu einem weiteren Umlaufe geeignet werden, wenn sie in gedrängter Kürze die ihren Werth bestimmenden Momente enthalten. — In allen denjenigen Fällen, in denen die Interessenten eine genaue Feststellung des Activ- und Passiv-Zustandes auf dem Documente nicht für erforderlich erachten, wird die Angabe des Grundsteuer-Reinertrages und der Feuerversicherungs-Summe einerseits, die Gesammt-Summe der mit besserem und der mit gleichem Vorrechte eingetragenen Hypotheken andererseits zur Beurtheilung des Werthes ausreichen, und so den Documenten eine Form gegeben werden können, welche an Einfachheit und Uebersichtlichkeit der des Wechsels nur wenig nachsteht.[55]) Soll dagegen das Document eine zuverlässige Auskunft über den Activ- und Passiv-Zustand des belasteten Grundstückes gewähren, so kann dies nur durch wortgetreue Mittheilung der noch validirenden Vermerke des Titelblattes, der rubr. I. und II.[56]) und der Kapitalsbeträge sämmtlicher Posten mit besserem oder gleichem Vorrechte aus rubr. III. geschehen. — Je nach den Anträgen der Interessenten dürften die Documente in der einen oder anderen Form auszufertigen sein.

Durch die Vereinfachung des Hypothekenrechtes und den Wegfall des Legalitäts-Principes wird eine Vereinfachung der Hypotheken-Verwaltung ermöglicht. Die collegialische Bearbeitung erscheint überflüssig und die Lostrennung von den Gerichten zulässig. Letztere wird sowohl vom Publicum als von den Richtern gewünscht, weil alle Verwaltungs-Angelegenheiten dem richterlichen Berufe fremd sind. Andererseits kann die Führung des Hypothekenbuches nur juristisch gebildeten Beamten übertragen werden, da bei Prüfung der Anträge und Legitimationen umfassende Rechtskenntnisse unentbehrlich sind. Deshalb verlangt man fast ausnahmelos „selbständige Hypotheken-Aemter unter Leitung juristisch gebildeter Beamten". Gegen dieselben lassen sich indeß namentlich zwei Bedenken geltend machen:

1. Der Geschäftskreis der einzelnen Aemter wird sehr groß, und dadurch einerseits die Einsicht des Hypothekenbuches für die Betheiligten

---

[55]) Im Wesentlichen könnte die Form dieselbe sein, welche für die Berliner Handvesten — zu vergl. der Statuten-Entw. a. a. O. — in Aussicht genommen ist. Auch die Cessionen, Verpfändungen 2c. könnten dem dortigen Vorschlage entsprechend auf der Rückseite erfolgen.

[56]) Nicht zweckmäßig erscheint der Vorschlag im §. 22 al. 3 d. Entw. d. Grundb.-Ordn.: „Aus der rubr. II. sind Zusätze in den Brief nur dann aufzunehmen, wenn die in derselben gebuchten Lasten und Verpflichtungen den Verkaufswerth des Grundstückes nach dem Ermessen des Buchamtmannes um mehr als 10 pCt. vermindern." Einerseits ist der Buchamtmann, welcher bei seinen wichtigsten Geschäften mit großer Peinlichkeit zu Werke gehen muß, zum Arbitriren nicht geeignet; andererseits würde jeder vorsichtige Capitalist bei Bemessung der Sicherheit nicht nur 10 pCt. auf Zins-Rückstände der vorgehenden Hypotheken (§. 93) und 3—5 pCt. auf etwaige Kosten (§. 90), sondern außerdem 10 pCt. auf möglicher Weise vorgehende Lasten in Abrechnung bringen, der Beleihungswerth also im Ganzen um c. 1/4 seines Betrages gedrückt werden. — Jede Ungenauigkeit in den Documenten wirkt nachtheilig. Entweder ist die Prüfung des Activ- und Passiv-Zustandes den Interessenten ganz zu überlassen (die erste oben vorgeschlagene Form) oder es muß ihnen vollständig zuverlässige Auskunft ertheilt werden (die zweite vorgeschlagene Form).

umständlich und kostspielig, andererseits die pünktliche Erledigung aller Geschäfte, welche zur Zeit der Umschlagstermine vorzugsweise sich häufen werden, schwierig.

2. Die Arbeitstheilung wird wieder vermehrt und dadurch die aus der Einseitigkeit der Beschäftigung erwachsende Gefahr vergrößert, daß der Beamte den freien Blick in das frische Leben verliert und zum Bureaukraten wird, welcher — anstatt dem Verkehre zu dienen — verlangt, daß der Verkehr nach den Schablonen seines Bureau's sich regele.

Auch die Annahme des Vorschlages von Bekker[57]) „den Buchämtern die Vermittelung des Geldverkehrs zwischen Capitalisten und Grundbesitzern zu übertragen", erscheint nicht rathsam: der öffentliche Glaube des Hypothekenbuches, d. h. das Vertrauen in die Richtigkeit der Eintragungen wird nur dann unbeschränkt sein, wenn — wie dies ja selbst in jedem größeren kaufmännischen Geschäfte geschieht — die Buchführung und die Abwickelung der Geld-Geschäfte nicht in dieselbe Hand gelegt sind. Ferner würde die pünktliche Erledigung der Geschäfte fast zur Unmöglichkeit werden, da die Häufung der Hypotheken- und der Geldgeschäfte in dieselbe Periode (die Zeit der Umschlagstermine) fiele.

Gerade die Justiz-Verwaltungs- (die Hypotheken- und Vormundschafts-) Sachen sind diejenigen Angelegenheiten, deren Uebertragung auf die Provinzial- resp. Kreis-Verbände bei den bevorstehenden Reformen der Provinzial- und Kreis-Verfassungen wohl mit Sicherheit erwartet werden darf.[58]) Andererseits verbietet sich eine sofortige Lostrennung der Hypotheken-Sachen von den Gerichten schon dadurch, daß dieselbe eine anderweitige Eintheilung der Gerichts-Commissionen, bei denen ein Haupttheil der Geschäfte gerade in den Hypotheken-Angelegenheiten besteht, bedingen würde, welche wiederum bis zu der durch die neue Proceß-Ordnung voraussichtlich bedingten anderweitigen Gerichts-Organisation auszusetzen sein möchte. Hiernach scheint es am meisten sich zu empfehlen, die anderweitige Regelung der Hyotheken-Verfassung den bevorstehenden allgemeinen Organisations-Gesetzen vorzubehalten und die Verwaltung der Hypotheken-Angelegenheiten einstweilen — jedoch unter Ausschließung der collegialischen Bearbeitung — den Gerichten zu belassen.

[57]) Reform d. Hypoth.-Wesens S. 44. 96 u. Entw. d. Grundbuch-Ordn. S. 39.

[58]) Zu vergl. Lette a. a. O. S. 56. v. Kadorff Präfectur oder Selbstverwaltung S. 26 ff.

Endlich erscheint es als Gebot der Gerechtigkeit, daß mit der Reform der Hypotheken-Gesetzgebung eine Revision der Kosten- und namentlich der Stempelgesetze verbunden wird. Die Prägravation des Grundbesitzes wird selbst von Männern anerkannt, denen man sicherlich nicht eine Schwärmerei für Begünstigung des Grundbesitzes vor Industrie und Arbeit Schuld geben wird. So sagt Lasker in seinem Gutachten über das Hypotheken-Bankwesen[59]): „Unsere Gesetze befördern den Handel in einer Weise, von welcher die Ackerbautreibenden entweder keinen Nutzen oder sogar Schaden haben, und das Steuer-System hat eine gleiche Richtung angenommen. Während an der Börse mittelst stempelfreier Schlußscheine oder gegen 15 Sgr. Stempel die bedeutendsten Geschäfte abgeschlossen werden, also ein steuerfreier Umsatz möglich ist, wird der Grund und Boden sowohl bei der Aufnahme und Uebertragung von Hypotheken, bei den Eintragungen, namentlich beim Umsatz durch Kauf außerordentlich schwer besteuert. .... Die Ueberschuldung und das zu geringe in dem Grundbesitze beschäftigte Kapital hängen nach meinem Dafürhalten unzweifelhaft zusammen mit dem Besteuerungs-Modus, welcher den Grund und Boden unverhältnißmäßig belastet."

Da der Besitz von Grund und Boden gegenwärtig nicht mehr Rechte und Vortheile gewährt als der Besitz fahrender Habe, so ist es billig, daß auch der auf ihn bezügliche Rechtsverkehr nicht höher belastet werde. Deshalb darf wohl beansprucht werden, daß die Stempel für Kaufgeschäfte, hypothekarische Obligationen rc. um mindestens $^2/_3$ ihrer jetzigen Beträge ermäßigt, und die Kosten-Sätze nicht ferner als ergiebige Finanz-Quelle, sondern als Deckung für die durchschnittlichen Ausgaben betrachtet werden. — Nur dann ist es erreichbar, daß die „der Stempel wegen" so häufig vorkommenden Simulationen, welche die Sicherheit des Grundeigenthums auf das Aeußerste gefährden, in Zukunft vermieden, und nicht mehr, wie gegenwärtig, „der Kosten wegen" die im Interesse der Rechts-Gewißheit gebotenen Eintragungen unterlassen werden.

[59]) Zu vergl.: Stenogr. Ber. a. a. O. S. 15.

II. Die Reform der Proceß- und Subhastations-Gesetzgebung.

Einen eben so wesentlichen Antheil an der Abneigung des Publicums gegen Hypotheken als die Mängel des materiellen, haben die Mängel des formellen, d. h. des Proceß- und des Executionsrechtes. Während jene den Zufluß neuer Kapitalien vermindern, verstärken diese den Abfluß. Wer einmal die Schwierigkeiten der Einziehung, die tausenderlei Chikanen, zu denen das jetzige Verfahren Thür und Thor öffnet, die Verlegenheiten, welche aus den oft jahrelangen Verzögerungen der erwarteten Rückzahlung des Kapitals entstehen, durchgemacht hat, pflegt selten Lust zu haben, sein Geld zum zweiten Male auf Hypothek zu geben. Deshalb ist die Reform des Proceß- und Executionsrechtes nicht minder geboten, als die des materiellen Rechtes.

Von dem Augenblicke der Kündigung ab wird die Beziehung zwischen Gläubiger und Schuldner geändert; an die Stelle des guten Einvernehmens pflegt ein gespanntes Verhältniß zu treten. Der Gläubiger will das bestehende Rechtsverhältniß möglichst rasch lösen, der Schuldner sucht ihm Hindernisse in den Weg zu legen. Deshalb muß der Gesetzgeber den Schuldner gegen unbilliges Andringen und den Gläubiger vor Chikanen sichern. Letzteres geschieht nach der jetzigen Gesetzgebung offenbar in unzureichendem Maße:

Die Leiden des Hypotheken-Gläubigers beginnen schon mit der Kündigung. Diese ist unmöglich, wenn der Schuldner latitirt; bei Insinuation der Klage wiederholen sich die Schwierigkeiten. In den häufigen Fällen, wenn obligationsmäßig das Kapital bei pünktlicher Zinszahlung nicht vor einem bestimmten Termine zurückgefordert werden darf, und die Kündigung demnächst wegen Nichtzahlung der Zinsen erfolgt, wird nicht einmal der Mandatsproceß zugelassen; Einwendungen jeder Art verzögern das Urtheil. Ist dasselbe endlich ergangen, so stellt sich heraus, daß das Grundstück inzwischen an einen Dritten verkauft und übergeben ist. Dieser ist häufig nur vorgeschoben und nicht zu ermitteln. Das mandatum monitorium kann nicht behändigt, das Verfahren muß wieder sistirt werden. Endlich wird der neue Besitzer gefunden, und ihm das Mahnungs-Mandat insinuirt. Jetzt aber excipirt er, der Gläubiger könne innerhalb Jahresfrist aus den Revenüen befriedigt werden; es folgt ein neues Verfahren, auf Grund desselben vielleicht einjährige Sequestration und erst dann event. die Subhastation.

Für die Reform erscheint es vor Allem nothwendig, dem Gläubiger die Möglichkeit der Rechtshilfe zu sichern. Bei der veränderten Natur der Hypothek, nach welcher das Grundstück hauptsächlich, die Person nur accessorisch haftet, muß consequent das Grundstück in Anspruch genommen werden können, auch wenn der Eigenthümer sich verborgen hält. Dem entsprechend ist die Insinuation der Kündigung, der Klage, sowie aller weiteren Verfügungen und Vorladungen an den Grundbesitzer, dessen Aufenthalt aus den Grundacten nicht erhellt, auf dem belasteten Grundstücke zu bewirken. Wenn er, oder anstatt seiner ein legitimirter Vertreter dort nicht anzutreffen ist, so tritt Affixion an die Hausthür ein; erscheint auch diese nicht möglich (bei einzelnen Parzellen, Baustellen 2c.), so ist ein Sequester zu bestellen, welcher das belastete Grundstück in dem Kündigungs- und Proceß-Verfahren vertritt.

Ferner muß der Mandatsproceß in allen Fällen ermöglicht werden. Wenn die Fälligkeit des Kapitals durch nicht pünktliche Zinszahlung oder ein anderes Ereigniß bedingt ist, so wird der Eintritt der Bedingung durch „notariellen Protest" zu constatiren, und auf Grund dieser öffentlichen Urkunde der Mandats-Proceß zuzulassen sein.

Die eingetretene Rechtshängigkeit ist durch Eintragung in das Hypothekenbuch zu veröffentlichen. Der Vermerk hat die Wirkung, daß alle Dispositionen des Eigenthümers über Bestandtheile des belasteten Grundstückes im Falle der Executions-Vollstreckung gegen den Kläger unwirksam sind.

Das mandatum monitorium muß ganz wegfallen. An die Zahlung ist der Schuldner schon durch die Klage erinnert. Die Zahlungs-Erinnerung nach dem Erkenntnisse ist weit mehr eine Mahnung, daß es die höchste Zeit ist, dem andringenden Gläubiger noch so viel als möglich zu entziehen.[60])

Ebenso wird das Recht des Schuldners, die Subhastation unter Umständen — §. 112. I. 24. Anh. §. 171. A.-G.-O. — durch den Antrag auf Sequestration abzuwenden, aufzuheben sein,[61]) da nichts schädlicher auf den Credit wirkt, als derartige erzwingbare Indulte. — Die Zeit, in welcher die Hypothek im Vergleiche zu anderen Kapitals-Anlagen so erhebliche Vortheile bot, daß der Grundbesitzer dem Kapi-

---

[60]) Zu vergl. Koch Deutsche Ger.-Ztg. Jahrg. 3 S. 312.

[61]) Auffälliger Weise dehnt §. 112 d. Entw. d. Grundb.-Ordn. dies Recht noch erheblich aus. Gegenwärtig muß die Sequestration, nach §. 112 cit. soll die Subhastation „excipiendo" gefordert werden; gegenwärtig ist also die Verzögerung des Zwangsverkaufs die Ausnahme, in Zukunft würde sie die Regel sein.

talisten die Bedingungen vorschreiben konnte, unter welchen er zur Annahme des Credites bereit sei, ist vorüber. Je weiter die Credit-Wirthschaft fortschreitet, desto mehr und desto günstigere Gelegenheiten zur Kapitals-Anlage werden geboten. Diesen gegenüber kann der Grundbesitzer nur dann vor dem Abflusse des ihm zur Disposition stehenden Kapitales sich schützen, wenn auch er bessere Bedingungen stellt und namentlich auf die Privilegien verzichtet, welche die Einziehbarkeit beeinträchtigen, und ohne wesentlichen Nutzen für ihn den Chikanen fürchtenden Gläubiger abschrecken.

Weit complicirter als in dem Processe gestalten sich die Verhältnisse in der Subhastation. Während dort nur die wechselseitigen Pflichten des Gläubigers und des Schuldners gegen einander abzugrenzen sind, kommen hier die Interessen des Extrahenten, des Subhastaten, der vor- und nacheingetragenen Gläubiger, des Käufers und dritter Personen in Betracht. Die Aussöhnung dieser vielfach collidirenden Interessen erscheint nur dann möglich, wenn ausschließlich der Zweck der Subhastation — „die Verwandlung der eingeklagten Hypothek in ihren Geldwerth und Auszahlung des letzteren an den Gläubiger" — für das Verfahren maßgebend ist, und alle, immer mehr oder weniger willkürlichen Nebenrücksichten wegfallen. Die Erreichung des erwähnten Zweckes setzt voraus, daß

1. das belastete Grundstück in seinen Werth umgesetzt und
2. festgestellt wird, an welcher Stelle der Executionssucher seine Befriedigung beanspruchen darf.

Zu 1. Der Extrahent **verkauft** an Stelle des **Eigenthümers**, dessen fehlender Consens durch den Ausspruch des Richters (Zuschlagsbescheid) ergänzt wird. Deshalb muß

a. bei Einleitung der Subhastation dem Eigenthümer die rechtliche Möglichkeit genommen werden, durch Verfügungen über das Grundstück den Verkauf ganz oder theilweise zu vereiteln. Dies geschieht durch Eintragung des Subhastations-Vermerkes, dessen Wirkung nicht wie bisher auf die eingetragenen Gläubiger zu beschränken, sondern auf den Extrahenten mitzuerstrecken sein wird.

b. Ferner muß durch das Kaufgeschäft (d. h. durch den rechtskräftigen Zuschlagsbescheid in Verbindung mit der Besitztitel-Berichtigung) das volle Eigenthum, also ein den Anfechtungen unbekannter Prätendenten entzogenes Recht auf den Käufer übergehen. Einer hierauf bezüglichen, ausdrücklichen Bestimmung bedarf es nur für diejenigen Grundstücke, welche noch kein Hypotheken-Folium haben. Nach regulirtem Hypothekenbuche ist die Ausschließung der unbekannten Prätendenten eine nothwendige Consequenz des Satzes, daß Eigenthum nur durch Eintragung in das Hypothekenbuch erworben wird: das Vorhandensein unbekannter Prätendenten, welche ein gegen Dritte verfolgbares besseres Recht haben, als der eingetragene Eigenthümer (Subhastat) ist nicht möglich.

Eine weitere Folge des Bucheigenthums ist, daß nach erfolgter Berichtigung des Besitztitels auf den Namen des Adjudicatars den Subhastations-Interessenten die Nichtigkeitsbeschwerde nicht mehr zustehen darf: Die Besitztitel-Berichtigung erfolgt nur auf Grund des mit dem Atteste der Rechtskraft versehenen Zuschlagsbescheides. Ob der Subhastationsrichter dieses Attest zu Unrecht ertheilt, also für ein anfechtbares Geschäft den mangelnden Consens zur Eintragung durch seinen Ausspruch ergänzt hat, berührt das durch die Eintragung entstehende und von der Rechtsgültigkeit des Titels unabhängige Eigenthumsrecht nicht. — Hierdurch wird der Uebelstand vermieden, daß der Adjudicatar namentlich dann, wenn einer der Subhastations-Interessenten zu dem Bietungstermine nicht vorschriftsmäßig geladen worden, noch nach Jahren seines Eigenthums verlustig werden kann. Allerdings läuft in Zukunft der Gläubiger Gefahr durch das Versehen des Richters, welcher das Attest der Rechtskraft zu Unrecht ertheilt hat, einen Ausfall zu erleiden. Dies Uebel läßt sich indeß durch Vereinfachung des Insinuations-Modus wesentlich mildern. Zwar würde aus der mehrfach vorgeschlagenen Bestimmung, „daß jeder bei der Subhastation zuzuziehende Real-Interessent ein Domicil in dem Bezirke des Hypotheken-Amtes zu wählen und anzuzeigen habe, an wen hier insinuirt werden soll," den Gläubigern wieder eine nicht unerhebliche Weiterung erwachsen, welche nicht ohne nachtheilige Rückwirkung auf den Realcredit sein könnte; allein eine gleiche Vereinfachung ist auch schon dann zu erzielen, wenn nur bestimmt wird, daß jeder Real-Interessent, welcher in dem Falle eintretender Subhastation bei dem Verfahren zugezogen sein will, eine Adresse zu den Grundacten anzuzeigen hat, unter welcher die Benachrichtigungen an ihn ergehen sollen, und daß demnächst zur Herstellung einer vorschriftmäßigen Insinuation nur der Nachweis, daß die Verfügung unter der angegebenen Adresse recommandirt zur Post gegeben worden, erforderlich ist.

c. Der Verkäufer muß dem Käufer nicht nur „unanfechtbares", sondern auch „freies" Eigenthum übertragen. Deshalb gilt nach der jetzigen Gesetzgebung das Princip, „daß alle Hypotheken durch die Subhastation abgelöst werden; sie sind auch ohne Löschung im Hypothekenbuche für erloschen zu erachten, und an ihre Stelle tritt das Recht der Gläubiger, ihre Befriedigung aus den Kaufgeldern zu suchen." Durch diesen Grundsatz werden indeß die dem Extrahenten prälocirten Gläubiger geschädigt: Obgleich keinem Hypothekar die Eintragung späterer Hypotheken zum Nachtheil gereichen soll, so steht doch den postintabulirten Gläubigern das Recht zu, den Verkauf des belasteten Grundstückes mit der Wirkung herbeizuführen, daß auch die prälocirten einerseits verpflichtet sind, ihre Kapitalien vor dem kontraktlichen Fälligkeitstermine zurückzunehmen und andererseits namentlich im Falle unzeitigen Drängens sogar Gefahr laufen, einen Ausfall zu erleiden. — Ebenso gereicht das Princip den postlocirten Gläubigern zum Nachtheile, da die Verkäuflichkeit der Grundstücke dadurch, daß jeder Bieter vorbereitet sein muß, alle Hypotheken abzulösen und das ganze Kaufgeld baar zu zahlen, wesentlich erschwert wird.

Beide Gesichtspunkte haben in neuester Zeit zur Aufstellung des entgegengesetzten Grundsatzes geführt, „daß die Forderungen der Gläubiger, welche vor dem Extrahenten eingetragen sind, durch die Subhastation nicht berührt werden, vielmehr unverändert stehen bleiben." Dieses Princip erscheint jedoch noch weit bedenklicher. Zunächst werden wieder die Rechte der voreingetragenen Gläubiger geschädigt: Durch die Einleitung der Subhastation erhält der Eigenthümer eine vollständig veränderte Stellung zu dem Grundstücke. Sein Bestreben geht nicht mehr dahin, die Ertragsfähigkeit zu erhöhen, sondern von dem im Grund und Boden fixirten Kapitale noch möglichst viel abzulösen. Die Voraussetzung, auf welcher der Credit beruht, ist also weggefallen und hat sich in das Gegentheil verwandelt. Deshalb muß dem Gläubiger die Befugniß zustehen, die Leistungsfähigkeit auf's neue zu prüfen, und namentlich dürfen spätere Fälligkeitstermine nicht maßgebend bleiben. Versagt man ihm dies Recht, so wird die nothwendige Rückwirkung sein, daß Hypotheken-Credite nie mehr auf längere Zeit unkündbar und immer nur mit kurzen Kündigungsfristen gegeben werden. Hat ferner der Gläubiger bei eintretender Subhastation eine kündbare Hypothek und fürchtet er, aus der zu erwartenden Verschlechterung des Grundstückes eine Gefährdung seiner Sicherheit, so ist er gezwungen, zur Kündigung, Klage und Subhastation zu greifen. Einerseits erwachsen ihm also wesentlich größere Weiterungen als gegenwärtig, andererseits kommen in Folge der größeren Zahl von Processen und Subhastations-Anträgen weit höhere Kosten gegen die Kaufgeldermasse in Ansatz. Jene Weiterungen werden die Kapitalisten dem Grundbesitze wieder mehr entfremden, die Erhöhung der Einzel-Liquidate aber zu größeren Ausfällen der postintabulirten Gläubiger führen. — Wie die vorstehenden, so werden auch die nachstehenden Gläubiger häufiger zur Kündigung greifen, weil in Folge des Stehenbleibens der prälocirten Hypotheken ihnen die Möglichkeit des eigenen Ankaufes erleichtert wird. Bekanntlich ist schon jetzt die Klasse derjenigen Speculanten nicht unbedeutend, welche mit $^2/_3$ bis $^3/_4$ des Werthes auslaufende Hypotheken erwerben und die erste Verlegenheit des Grundbesitzers benutzen, um zu kündigen und demnächst entweder für die Zurücknahme der Kündigung ihre Procente zu erpressen oder das belastete Grundstück im Wege der Subhastation für $^2/_3$ bis $^3/_4$ seines Werthes zu erstehen. Ihr Geschäft würde durch das neue Princip erleichtert, und deshalb die Zahl dieser gefährlichen Creditgeber vermehrt werden. — Andererseits scheint allerdings die Erleichterung der Kaufbedingungen die Hoffnung zu rechtfertigen, daß der Kreis der Bieter sich erweitern, und deshalb ein höherer Kaufpreis erzielt werde. In Wirklichkeit ist aber auch dies nicht zu erwarten, da der aus den leichteren Kaufbedingungen erwachsende Vortheil durch die entstehenden Weiterungen und Schwierigkeiten vollständig aufgewogen wird: Wenn die vorstehenden Kapitalien von der Subhastation nicht berührt werden sollen, so darf der Zuschlag nur erfolgen, wenn die Kapitalien und sämmtliche noch nicht verjährten Zins-Rückstände gedeckt sind. Wer soll den Betrag der letzteren dem Subhastations-Richter nachweisen? Soll der Extrahent verpflichtet sein, dieselben festzustellen? Wie soll er sich die Information beschaffen, wenn der Gläubiger nicht zu finden ist oder ihm die Auskunft verweigert? Was soll geschehen, wenn zwischen ihm und dem Meistbietenden Streit darüber entsteht, ob das Gebot zur Deckung aller Rückstände ausreicht? oder wenn nach erfolgtem Zuschlage sich ergiebt, daß die Rückstände irrthümlich zu niedrig angenommen waren, und nach der richtigen Sachlage ein ausreichendes Gebot nicht vorliegt? — Ferner müssen der Extrahent und die zur Hebung gelangenden postlocirten Gläubiger dem Käufer in Betreff der stehen bleibenden Hypotheken nebst Zinsrückständen Gewähr leisten. Soll der Ersteher verpflichtet sein, den Umfang der Rückstände nachzuweisen? Soll er, wenn die liquidirenden Gläubiger niedrigere Rückstände behaupten, berechtigt sein, einen entsprechenden Theil des Kaufpreises zu deponiren? Soll die Deposition in diesem Falle auf Gefahr und Kosten des Unterliegenden erfolgen? Sollen also der Ersteher und die Gläubiger verpflichtet sein, über die Höhe der Rückstände Erkundigungen einzuziehen? Soll endlich der Ersteher befugt sein, die prälocirten Gläubiger, wenn sie die zwischen ihm und postlocirten Gläudigern streitig gewordenen Rückstände fordern, an die Depositalmasse zu verweisen? Würden im Bejahungsfalle jene Gläubiger nicht dennoch wenigstens indirect durch die Subhastation berührt? 2c. 2c.

Das richtige Princip liegt in der Mitte zwischen dem Grundsatze der jetzigen Gesetzgebung und dem Reformvorschlage: Der Hypotheken-Gläubiger kann von dem Schuldner nicht gezwungen werden, sein Kapital vor eingetretener Fälligkeit zurückzunehmen. Deshalb darf auch nicht die von dem postintabulirten Gläubiger beantragte Subhastation die Aufhebung des Creditverhältnisses zur Folge haben. Andererseits ist dem prälocirten Gläubiger wegen der völlig veränderten Umstände das Recht einzuräumen, die Leistungsfähigkeit des belasteten Grundstückes auf's Neue zu prüfen und event. den bewilligten Credit zurückzunehmen. — Wesentlich verschieden hiervon ist das Verhältniß hinsichtlich der Zins-Rückstände: Die Zahlung der fälligen Forderungen muß zu jeder Zeit angenommen werden. In Betreff der Zins-Rückstände kann deshalb der Subhastation die Wirkung beigelegt werden, daß auch die dem Extrahenten prälocirten Gläubiger zur Liquidation und Ablösung verpflichtet sind. Dies führt zu folgendem Grundsatze: „Bei Einleitung der Subhastation ist eine Frist zur Anmeldung der Hypothekenrechte festzusetzen. Die angemeldeten Kapital- und Zinsforderungen werden gegen die Kaufgeldermasse liquidirt. Nicht angemeldete Kapitalforderungen bleiben unter den bisherigen Bedingungen auf dem Grundstücke haften. Nicht angemeldete Zins-Rückstände werden hinsichtlich des dinglichen Anspruches präcludirt. Der Adjudicatar haftet also immer nur für die seit Eintragung seines Besitztitels laufenden Zinsen." Bei Anwendung dieses Principes widerfährt allen Theilen Gerechtigkeit. Kein voreingetragener Gläubiger wird gezwungen, zur Unzeit die Hypothek abzulösen oder trotz der veränderten Umstände dieselbe stehen zu lassen. Der Käufer erhält alle Rechte, welche der Extrahent (in Vertretung des Subhastaten) übertragen kann, und volle Gewißheit über den Umfang der auf ihn übergehenden Lasten.

d. Bei freiwilligen Kaufgeschäften hat der Verkäufer ein wesentliches Interesse, nur an solvente Personen zu veräußern, weil er den Hypothekengläubigern persönlich verhaftet bleibt, und sein Anspruch wegen des Kaufgelder-Rückstandes hinter die übrigen Hypothekenrechte zurücktritt. Bei nothwendigen Subhastationen fällt dies Interesse fort. Hier muß daher den Gläubigern der Schutz gegen das Eindringen unvermögender Käufer durch das Gesetz gewährt werden. Dem entsprechend schreibt schon die Subhastationsordnung vom 4. März 1834 vor, daß jeder Hypotheken-Gläubiger von jedem Bieter die Leistung einer Caution zum Betrage des zehnten Theiles der Taxe fordern kann. — Der hier für die Regelung der Caution gewählte Maßstab erscheint jedoch nicht richtig. Der Umfang der Verpflichtungen des Erstehers richtet sich nicht nach der Taxe, sondern nach dem abgegebenen Gebote. Die Caution für die Erfüllung jener Verpflichtungen ist deshalb nicht auf einen Bruchtheil der Taxe, sondern auf einen bestimmten Procentsatz des Gebotes festzusetzen. Gegenwärtig muß Derjenige, welcher $\frac{1}{10}$ der Taxe bietet, das ganze Gebot, Derjenige dagegen, welcher das Doppelte der Taxe bietet, den 20. Theil des Gebotes deponiren, den Gläubigern wird also in beiden Fällen eine ganz verschiedene Sicherheit gewährt, und dem Bieter bei niedrigen Geboten eine ungleich größere Verpflichtung auferlegt, als bei hohen Geboten. Ist dagegen nicht die Taxe, sondern das abgegebene Gebot der Maßstab für die Caution, so ist das Verhältniß sowohl der den Gläubigern gewährten Sicherheit, als der dem Bieter auferlegten Verpflichtung stets gleich und dem Umfange der übernommenen Leistung entsprechend. — Schädlicher noch als der unrichtige Maßstab wirkt die fernere gesetzliche Bestimmung, daß jeder Hypotheken-Gläubiger, dessen Forderung innerhalb der Taxe eingetragen ist, mit derselben die Bietungs-Caution bestellen kann — §. 11. Verordn. vom 4. März 1834 —. Nichts fördert das Eindringen unvermögender Käufer mehr, als gerade diese Bestimmung. Deshalb hat man in neueren Gesetz-Entwürfen vorgeschlagen, daß nur die innerhalb der ersten Hälfte der Taxe eingetragenen Hypotheken als Caution zuzulassen seien. Aber auch dieser Vorschlag entspricht nicht dem Wesen der Bietungs-Caution. Durch letztere soll den Subhastations-Interessenten eine Sicherheit dafür gewährt werden, daß das Meistgebot gezahlt, und ihre fällige Hypothek abgelöst wird. Eine Sicherheit aber kann dem Hypothekarius nie durch postintabulirte Forderungen geboten werden, mögen sie an sich auch noch so sicher sein. Eine durchgreifende Hilfe ist nur dann zu erwarten, wenn kein Hypotheken-Gläubiger beim Widerspruche eines vor ihm eingetragenen Gläubigers mit seiner Forderung Caution bestellen darf.

Jeder Subhastationsrichter wird bestätigen, daß vorzugsweise in den mangelhaften Bestimmungen über die Cautions-Leistung die wesentliche Ursache der vielen Re- und Re-Resubhastationen liegt, und daß nichts mehr, als diese die Hypotheken-Gläubiger, welche nach jahrelangem Harren ihre endliche Befriedigung erhofften, in gelinde Verzweiflung zu versetzen pflegen. Deshalb gehört speciell die anderweitige und zweckentsprechende Regelung des Cautionspunktes zu den allerwichtigsten Aufgaben der anzustrebenden Reform.

e. Die Natur des Kaufcontractes bringt es mit sich, daß die Kaufbedingungen und Zahlungs-Modalitäten vor oder bei Abschluß des Vertrages festgestellt werden. Nach dem jetzigen Subhastations-Verfahren ist dies nicht der Fall. Die Licitanten sind im Unklaren, wann der Zuschlag zu erwarten, wann das Kaufgeld zu zahlen ist, und welche Gläubiger Willens sind, ihre Hypotheken stehen zu lassen. Dieser Unsicherheit ist durch die Bestimmung abzuhelfen, daß der Bietungstermin, der Termin zur Publikation des Zuschlagsbescheides und der Kaufgelderbelegungs-Termin schon bei Einleitung der Subhastation anzuberaumen, und der Ablauf der Frist zur Anmeldung derjenigen Forderungen, deren Tilgung aus der Kaufgeldermasse beansprucht wird, auf einen Zeitpunkt vor dem Bietungstermine festzusetzen sind.[62]) Fällt zwischen den Ablauf der Anmeldungsfrist und den Termin zur Publication des Zuschlagsbescheides noch ein Zins- (d. h. ein Umschlags-) Termin, so wird für diese nachträglich fällig werdenden Forderungen eine zweite Anmeldungsfrist festzusetzen sein, deren Ablauf mit dem Termine zur Kaufgelderbelegung zusammenfallen kann. — Bei einem derartig veränderten Verfahren würden zugleich die Hypothekengläubiger schon im Bietungstermine in den meisten Fällen volle, in allen Fällen aber annähernde Gewißheit darüber erhalten können, welche Zins- und Kostenbeträge ihnen vorgehen, wie weit sie daher zur Vermeidung eines Ausfalles mitzubieten haben — und auf diese Weise einem ferneren, schwer empfundenen Mangel des gegenwärtigen Verfahrens abgeholfen sein.

f. Die Natur des Zwangs-Verkaufes, bei welchem nicht gewartet werden kann, bis ein geeigneter Käufer sich findet, macht es nothwendig, daß der Verkaufstermin im weitesten Kreise veröffentlicht wird. Das zweckentsprechendste Mittel hierzu sind die Bekanntmachungen durch die öffentlichen Blätter, deren Auswahl von dem Ermessen des Richters, unter Berücksichtigung der Anträge des Extrahenten, abhängig zu machen sein wird.

---

[62]) Das Subhastationspatent würde hiernach etwa folgende Form erhalten:
Das zu M. belegene, im Hypothekenbuche von M. No. — auf den Namen des N. verzeichnete Grundstück (Grundsteuer — Thlr., Feuer-Versicherung — Thlr.) ist Schulden halber zur nothwendigen Subhastation gestellt. Die Frist zur Anmeldung der Real-Ansprüche wird bis zu dem — erstreckt und ein Termin zur Prüfung der angemeldeten Ansprüche auf den — in dem Gerichtsgebäude zu M. vor dem X. anberaumt. Vor demselben Deputirten finden ebendaselbst am — der Verkauf, am — die Publication des Zuschlages, am — die Kaufgelder-Vertheilung statt. Realberechtigte, welche ihre Ansprüche nicht anmelden, werden hinsichtlich der Zins- und Kosten-Rückstände präcludirt.

g. Den Kauflustigen muß Gelegenheit geboten werden, über das Kaufobjekt und dessen Werth sich zu informiren. Die zu diesem Zwecke gegenwärtig vorgeschriebene Abschätzung des Grundstückes erscheint jedoch nicht als das geeignete Mittel, da sie erheblichen Zeit- und Kostenaufwand verursacht, andererseits aber das Publikum auf ihr Resultat kein bedeutendes Gewicht zu legen pflegt. Die Bestandtheile und die Lage des Grundstückes werden in Zukunft aus dem Hypothekenscheine ersichtlich sein; einigen Anhalt für den Werth gewähren die Grundsteuer und die Feuerversicherungs-Summe; die speciellere Schätzung wird man dem eigenen Urtheil der Kauflustigen überlassen können. Hingegen muß das Gesetz darauf Bedacht nehmen, daß die Letzteren hinreichende Gelegenheit haben, über den Werth des Grundstückes sich zu informiren; namentlich dürfen die Fristen des Bietungstermines nicht zu kurz bemessen werden. Den allseitigen Interessen wird es am förderlichsten sein, wenn die Abmessung der Fristen innerhalb bestimmter, gesetzlich zu normirender Grenzen — ähnlich wie im Concursverfahren — von dem vernünftigen Ermessen des Subhastationsrichters abhängig gemacht wird.

h. Der Verkauf erfolgt Behufs Ablösung der durch Anmeldung aufgekündigten Credite; die Befriedigung der Gläubiger ist durch die Anmeldung und durch die Höhe des abgegebenen Meistgebotes bedingt. Deshalb muß jeder Gläubiger von der Anmeldungsfrist und dem Verkaufstermine Kenntniß erhalten. Hiernach ist allen aus den Grundacten ersichtlichen Realberechtigten Abschrift des Subhastationspatentes zuzustellen. Die Vorladung der unbekannten Interessenten wird durch die öffentliche Bekanntmachung des Patentes ersetzt. Zur möglichsten Beschränkung der Präclusionen aber wird gleichzeitig zu bestimmen sein, daß der Ablauf der Frist zur Anmeldung von Ansprüchen auf einen früheren Zeitpunkt, als 14 Tage nach dem nächsten Umschlags-Termine, nicht festgesetzt werden darf. Der Termin zur Prüfung der Ansprüche und der Verkaufstermin können erforderlichen Falles in kürzester Frist folgen.

i. Der Kaufcontract erhält seinen formellen Abschluß durch den, den Consens des Eigenthümers (Subhastaten) ergänzenden Ausspruch des Richters. Wird durch denselben ein über die Zulässigkeit des Zuschlages unter den Interessenten entstandener Streit entschieden, so muß consequent der ordentliche Instanzenzug mit den Formen und Fristen des schleunigen Verfahrens zugelassen werden. Hat kein Streit obgewaltet, so wird wegen Verletzung von Rechtsgrundsätzen und wesentlichen Prozeßvorschriften die Nichtigkeitsbeschwerde mit der oben (lit. b.)

erwähnten Maßgabe zuzulassen sein. In allen Fällen aber ist der Adjudicatoria, als einem richterlichen Ausspruche in der Executions-Instanz, die Wirkung beizulegen, daß die festgesetzten Verpflichtungen zwar nicht vor rechtskräftiger Entscheidung definitiv erfüllt werden müssen, wohl aber ihre dereinstige Erfüllung vollständig sicher zu stellen ist. Dem entsprechend wird für den Ersteher eine Protestation zur Wahrung seiner Rechte in das Hypothekenbuch einzutragen, und das Grundstück bis zum Eintritte der Rechtskraft in gerichtliche Verwaltung zu nehmen, das Kaufgeld andererseits in dem festgesetzten Kaufgelderbelegungs-Termine ad depositum zu zahlen sein.

Sofort nach eingetretener Rechtskraft der Adjudicatoria ist die Berichtigung des Besitz-Titels für den Ersteher, durch welche das Eigenthum definitiv übergeht, in Antrag zu bringen. Dagegen ist die Requisition wegen Löschung des Subhastations-Vermerkes erst nach erfolgter Belegung resp. Uebereignung der Kaufgelder zu erlassen, da erst durch diesen Act die abzulösenden Realrechte in ihren Geldwerth umgesetzt werden.

Zu 2: Die Befriedigung des Gläubigers aus dem erzielten Kaufpreise ist abhängig von der Prüfung und Feststellung

a. seiner eigenen Rechte,

b. der Rechte der mit ihm concurrirenden Real-Interessenten.

Deshalb muß dem Schuldner das Recht zustehen, die in der Executions-Instanz zulässigen Einwendungen geltend zu machen; dieselben sind im schleunigen Proceß-Verfahren zu erörtern und deshalb nur dann zu berücksichtigen, wenn sie sofort liquide gemacht werden. Competent zur Entscheidung ist der Subhastationsrichter, dessen Urtheil bis zur Abänderung in höherer Instanz für das weitere Verfahren maßgebend ist. Kann die Entscheidung nicht früher erfolgen, so ist sie mit dem Erkenntnisse über den Zuschlag zu verbinden, letzterer also zu versagen, wenn der Einwand für begründet, zu ertheilen, wenn derselbe für unbegründet erachtet wird.

Ferner muß jeder Gläubiger berechtigt sein, die Richtigkeit und Priorität der voreingetragenen Lasten anzufechten, soweit der Werth seines Rechtes dadurch bedingt ist. Mit der veränderten Natur der Hypothek fällt das Recht der postintabulirten Gläubiger zur Anfechtung der „Kapitalforderungen" weg; es besteht aber fort hinsichtlich der Zins- und Kostenforderungen. — Die Prüfung der Liquidate muß vor dem Bietungstermine erfolgen, da nur hierdurch einerseits der Gläubiger Gewißheit erhält, wie weit er behufs Deckung seiner Forderung bieten muß (No. 1. lit. e), andererseits der gegenwärtig oft vorkommenden Chikane vorgebeugt wird, daß ausfallende Gläubiger die Rechte der voreingetragenen anfechten — bloß in der Hoffnung, daß dieselben, um ihr Geld nicht noch länger zu entbehren, sich bereit finden werden, die Zurücknahme des Widerspruches von ihnen zu erkaufen.

Nachdem durch den Verkauf des Grundstückes die Activ-, durch Prüfung der Liquidate die Passivmasse constituirt sind, erfolgt die Vertheilung. Nicht angemeldete Zins-Rückstände und Kostenforderungen werden hinsichtlich des Realnexus präcludirt, die gegenwärtig zu so vielen Weitläufigkeiten und Verwickelungen führenden Liquidationen von Amtswegen fallen also weg. Diejenigen Beträge, welche auf bestrittene Liquidate fallen, sind bis zur rechtskräftigen Entscheidung der Specialprocesse ad depositum zu nehmen. Ist ein Specialproceß noch nicht anhängig, so wird dem Liquidanten die Einreichung der Klage binnen einer präclusivischen Frist aufzugeben, und nach deren Ablauf event. mit Vertheilung der Specialmasse ohne Rücksicht auf das Liquidat zu verfahren sein.

Nach den obigen Vorschlägen würde das Subhastations-Verfahren mit dem Concurs-Verfahren in den wesentlichsten Punkten übereinstimmen. Diese Uebereinstimmung ist indeß durch die gleiche Natur beider Processe bedingt, da die Subhastation nichts weiter ist, als ein Special-Concurs: Durch den Verkauf des Grundstückes wird die Activ-, durch die Prüfung der Liquidate wird die Passivmasse constituirt, die s. g. Kaufgelderbelegung ist das Vertheilungs-Verfahren. Es liegt kein innerer Grund vor, erst nach vollständiger Constituirung der Activmasse mit Constituirung der Passivmasse vorzugehen und diese — wie gegenwärtig geschieht — mit der Vertheilung zu verbinden. Das ganze Verfahren wird weit mehr Einfachheit, Klarheit und Sicherheit erhalten, wenn die ihrem Wesen nach verschiedenen Acte von einander getrennt werden.

Schlußwort.

Die augenblicklich hervortretenden Mängel der Gesetzgebung lassen sich heben. Eine dauernde Hülfe wird aber dem Grundbesitze so lange nicht werden, als nicht das Uebel, an welchem er krankt, mit seinem „Keime" gehoben ist. Blicken wir zurück auf die Geschichte unseres Volkes, so sehen wir einen fortwährenden Kampf zwischen den verschiedenen Factoren des Staatslebens: Grundbesitz, Arbeit und Kapital ringen um das Uebergewicht. Der Einfluß des Rechtes, die Macht der Kirche und die Lehre der Wissenschaft sind in Bewegung gesetzt worden; aber die Herrschaft des einen oder des anderen Factors ist immer nur vorübergehend gewesen. Die größte Macht-Entfaltung enthielt zugleich den Keim des Verfalles. — Das in der ganzen Natur waltende Gesetz des Gleichgewichts ist auch das Grundgesetz der Staats-Entwickelung. In der Verletzung dieses Gesetzes finden die gegenwärtigen Nothstände ihre Erklärung:

Dampfschiffe, Eisenbahnen und Telegraphen haben alle örtlichen und zeitlichen Schranken beseitigt und dem Kapitale die weitesten Gebiete der Production eröffnet. Die Entfesselung der gewerblichen Kräfte und die Ausbildung des Creditwesens haben der Arbeitstheilung und Arbeitsconcentration eine stets wachsende Wichtigkeit gegeben. So hat die wirthschaftliche Macht des Handels und der Industrie die Bedeutung des durch die Scholle gefesselten Grundbesitzes zurückgedrängt, und das alte Sprichwort „Handwerk hat einen goldenen Boden" dem neuen „Geld regiert die Welt" weichen müssen. Das wirthschaftliche Uebergewicht des beweglichen Kapitals wird zur Erhöhung der socialen Stellung, und umgekehrt die bevorzugte sociale Stellung durch Betheiligung an industriellen Unternehmungen zur Erlangung beweglichen Kapitals benutzt. Die nothwendige Folge dieser Verbrüderung ist, daß auch in der Gesetzgebung die Interessen des Handels und der Industrie eine immer umfassendere Berücksichtigung finden, und dagegen die Interessen sowohl des Grundbesitzes als der Arbeit zurücktreten: Handel und Gewerbe sind durch Aufhebung des Zunftzwanges, der Grundbesitz durch die Emancipation des bäuerlichen Besitzes in neue Wirthschaftsstadien getreten. Jene sind seitdem durch die ausgedehntesten Handelsverträge, durch Maß- und Gewichts-Einheit, durch Ausgleichung des Münzfußes, durch ein neues Wechselrecht, eine neue Concurs-Ordnung, durch ein einheitliches Handelsgesetzbuch gefördert; die Verhältnisse des Grundbesitzes werden noch immer nach den Gesetzgebungen des vorigen Jahrhunderts geregelt. — Je mehr das bewegliche Vermögen das wirthschaftliche, sociale und rechtliche Uebergewicht erlangt hat, desto stärker ist sein Drängen nach politischer Herrschaft geworden. Wie im Mittelalter der absolute Staat aus den Trümmern des Ständestaates entstand, so sucht gegenwärtig das bewegliche Kapital „durch Auflösung aller bestehenden Ordnungen" seine Herrschaft zu begründen. Daher das Programm: Trennung der Kirche vom Staate, Trennung der Schule von der Kirche, Trennung der Gesellschaft vom Staate (d. h. Trennung der socialen und der politischen Stellung), Aufhebung der ständischen Gliederung, Aufhebung der Innungs-Verbände, Loslösung des Bürgers von der Gemeinde (Freizügigkeit), Trennung der Familie von der Kirche (Civil-Ehe), Zersplitterung des Grundbesitzes 2c.

Die ganze Entwickelung hat auf einen großen Theil des Grundbesitzer- und des Handwerker-Standes den Einfluß gehabt, daß sie unzufrieden mit der Gegenwart nach der Vergangenheit zurückstreben, oder doch an den Resten ihrer alten Verfassungen krampfhaft festhalten. Gerade hierdurch aber geben sie ihren Gegnern neue Waffen in die Hand, weil ihr Wollen zum Theile mit den völlig veränderten Verhältnissen nicht in Einklang zu bringen ist. In der Geschichte giebt es keinen Stillstand, keinen Rückschritt. Nur durch die gleichmäßig fortschreitende Entwickelung aller Organe wird das Gedeihen des Staats-Organismus gefördert.

Grundbesitz, Arbeit und Kapital sind die wirthschaftlichen Elemente, durch deren Zusammenwirken der Staat existirt. Wie aber in der Natur der Kampf der entfesselten Elemente die Ordnung stört, welche nur dadurch möglich ist, daß alle Elemente nach bestimmten Gesetzen sich bewegen, so auch im Staatsleben. Das, was man als „Freiheit des Grundbesitzes, Freiheit der Arbeit, Freiheit des Handels und der Industrie" preist, ist nicht die das allseitige Interesse gleich berücksichtigende wahre Freiheit, sondern „die Herrschaft der Interessen des Kapitals, Unterdrückung der Interessen des Grundbesitzes und der Arbeit", also das directe Gegentheil der Freiheit. — Die Gesetze der gedeihlichen, gleichmäßigen Entwickelung lehrt die Geschichte:

Wie die Ausgleichung der Bedürfnisse als die Aufgabe des Handels und der Industrie, so ist die freie Bewegung als ihr Lebensprincip zu betrachten. Durch die Entwickelung des internationalen Verkehrs, durch die Beseitigung der Schranken des Zunftzwanges, durch die Einführung der Gewerbefreiheit ist ihre Macht begründet. Deshalb ist das Festhalten der „wirthschaftlichen" Freiheit für ihre weitere Entwickelung unerläßlich.

Die Arbeit producirt Kapital, hat aber nicht die Macht, gegen das bereits vorhandene Kapital sich zu schützen, denn der Arbeiter disponirt nur über eine vereinzelte, der Kapitalist über eine vereinigte Arbeitskraft. In dem Rechtsstaate, welchen wir anstreben, muß ihr der zu ihrer Entwickelung unentbehrliche Schutz durch das „Gesetz" gewährt werden, indem dieses alle sie bedrohenden Ausschreitungen der weder menschliche noch nationale Rücksichten kennenden Geldmacht verhindert.

Das Lebensprinzip des Grundbesitzes ist eine gleichmäßige, ruhige Entwickelung. Unbeweglich wie sein Besitzthum, so ist der Grundbesitzer verwachsen mit den Institutionen seiner Provinz. Lieb und werth, wie der häusliche Heerd, sind ihm die Sitten und Gewohnheiten der Väter. Seit Jahrhunderten bildet römisches Recht die Grundlage unserer Gesetze, in dem Bauernstande leben deutschrechtliche Anschauungen fort. Seit Generationen ist die Sprache der Kirche und Schule das städtische Hochdeutsch. Dennoch ist die Sprache der Familie das von den Eltern überkommene Plattdeutsch geblieben. So erscheint der Grundbesitz als das feste Fundament für die „politischen" Verbände, während die auf bewegliches Vermögen gegründete politische Herrschaft von den Conjuncturen d. h. von den Zeitströmungen und Leidenschaften abhängig ist. — Ihm gebührt aber auch eine vor dem beweglichen Kapitale bevorzugte politische Stellung, da die Vermehrung des Boden-Kapitals der ganzen Nation — S. 14 —, die Vermehrung des beweglichen Kapitals vorzugsweise den Besitzern desselben zu statten kommt, und deshalb die Interessen des Grundbesitzes mit den Interessen des Staates weit enger verwachsen sind, als die des beweglichen Vermögens. Gerade in der Untrennbarkeit der Interessen des Staates und des Grundbesitzes liegt die Ursache der mannichfachen Beschränkungen hinsichtlich der Errichtung von Fideicommissen, von Veräußerungen an die todte Hand rc., welche bei dem beweglichen Vermögen nicht Platz greifen; sie allein vermag es zu rechtfertigen, daß man dem großen Grundbesitze einen Theil seiner geldwerthen Rechte genommen und auf den kleinen Grundbesitz übertragen, daß man die Kirchengüter säcularisirt hat rc., während kein Vernünftiger daran denkt, den großen Baronen der Börse einen Theil ihrer Schätze oder den Corporationen ihr bewegliches Vermögen zu nehmen. Sie muß aber billiger Weise auch als ein Grund gelten, um dem Grundbesitze eine hervorragendere politische Bedeutung, als dem beweglichen Vermögen einzuräumen.

Die Gesetze für die Stellung der Fundamentalkräfte im Staate sind hiernach gegeben. Dem beweglichen Vermögen gebührt eine vorwiegend wirthschaftliche, der Arbeit eine vorwiegend rechtliche, dem Grundbesitz eine vorwiegend politische Bedeutung. Nur dann, wenn durch die rechtlich geschützte Stellung der Arbeit und durch die politischen Rechte des Grundbesitzes gegen das wirthschaftliche Uebergewicht des beweglichen Kapitals ein Gegengewicht hergestellt wird, kann an die Stelle der Unterdrückung der Interessen des Grundbesitzes und der Arbeit, durch das organische Ineinandergreifen der verschiedenen Kräfte, die gleiche Berücksichtigung aller Interessen d. h. 'die wahre Freiheit treten. Möchten die gegenwärtigen Nothstände dazu beitragen, daß der Grundbesitz zu einem gemeinsamen energischen Schutze seiner Interessen sich einige, bevor der politische Zersetzungsproceß beendet ist. Denn „ist erst ein Volk durch Atomisirung zu einer Art von Heerde geworden, so kann es nicht ausbleiben, daß es mit Stock und Hunden geleitet wird" (Roscher).

Verlag von J. Guttentag in Berlin.
Guttentag & Vahlen.

Berliner Associations-Buchdruckerei (Urbat u. Genossen).

FSC
www.fsc.org
MIX
Papier | Fördert
gute Waldnutzung
FSC® C083411

Kolibri 360 GmbH
Ferdinand-Jühlke-Straße 7
99095 Erfurt, Deutschland
produktsicherheit@kolibri360.de